1천만 원
부동산 투자
초수익 시크릿

1천만 원 부동산 투자

초수익 시크릿

제승욱 지음

"최소 투자금으로 최대 이익을 노려라!"

1천만 원으로 시작하는 소액 부동산 투자법

원앤원북스

소액 부동산 투자에서
답을 찾다

"아직도 부동산 투자는 억대 자금이 있어야만 가능하다고 생각하
십니까?"

동의대학교 미래융합대학에서 30세 이상의 성인 학습자들을
가르치며 필자는 매일 이런 질문을 했다. 일과 학습을 병행하며
미래를 준비하는 이들의 간절한 눈빛 속에서 그들의 깊은 고민과
아픔을 느꼈기 때문이다.

"교수님, 저는 연봉 4천만 원을 받는 평범한 직장인인데 부동산 투자가 정말 가능할까요?"

"1천만 원으로도 부동산 투자를 시작할 수 있다고요? 현실성이 있나요?"

"AI 시대가 도래하면 일자리가 사라진다는데, 노후가 너무 걱정입니다."

바로 이런 질문들이 이 책을 쓰게 된 이유다.

오늘날 우리는 역사상 가장 불확실한 시대를 살고 있다. 챗GPT가 등장한 이후 수년 만에 AI는 상상을 뛰어넘는 속도로 발전했다. 변호사의 역할이 AI 리서치로 대체되고, 회계사의 자리가 AI 세무 프로그램으로 축소되고, 심지어 의사조차 AI 진단 시스템의 도움 없이는 경쟁력을 잃어가고 있다.

필자의 제자 50대 초반 A는 20년간 다닌 은행에서 원치 않은 명예퇴직을 당했다. 디지털 전환으로 인한 구조조정이 그 원인이었다. 30대 후반 B는 제조업 회사에서 AI 자동화 시스템을 도입하자 미래에 대한 불안감이 싹튼다고 토로했다. 개발자 지망생인 취준생 C는 신입 공채가 확연히 줄었다며 막막함을 호소했다.

동시에 인플레이션은 우리의 구매력을 무섭게 갉아먹고 있다. 2000년대 1천 원 하던 김밥은 2026년 4천~5천 원이 되었고, 전기

요금과 가스요금은 2~3배 이상 올랐다. 월급은 그대로인데 생활비는 계속 오르니 저축은커녕 생활하기도 빠듯한 것이 현실이다. 여기에 100세 시대의 불안까지 더해지면서 혼란은 가중된다. 국민연금은 2055년 고갈이 예상되고, 자산 대부분을 부동산에 몰아넣은 베이비부머의 은퇴가 주택 시장에 어떤 영향을 줄지도 미지수다. 100세 시대의 노후 준비는 그야말로 '각자도생'이다. 온전히 개인의 몫이 되었다.

모든 것이 절망적으로 들리겠지만 그 안에도 기회는 있다. 단언컨대 소액 부동산 투자자에게 있어 역사상 최고의 기회가 열린 시대다. 이유는 이렇다.

첫째, 금리 정책의 변화가 기회를 만들고 있다. 2022~2024년 고금리 충격으로 부동산 시장이 3년간 조정을 받으면서 거품이 상당 부분 빠졌다. 금리 인하 국면에 진입하면서 부동산 투자 여건이 다시 개선되고 있다. 한때 5%대를 웃돌던 대출금리가 최근 3~4%대 수준으로 내려오면서 이자 부담이 완화되었다.

둘째, 교통 인프라의 혁신이 새로운 투자의 지형도를 그리고 있다. GTX-A·B·C노선이 본격 운행되면서 수도권의 거리 개념이 완전히 바뀌었다. 동탄에서 강남까지 20분, 일산에서 삼성동까지 30분이 현실화되면서 기존의 비선호 지역이 새로운 투자처로 부상하고 있다. KTX-이음의 확대로 세종, 천안, 광주까지도 수도권 생활권에 편입되었다.

셋째, 1인 가구 폭증이라는 메가 트렌드가 소형 부동산의 황금기를 열고 있다. 국가데이터처가 발표한 '2025 통계로 보는 1인 가구' 자료에 따르면, 2024년 1인 가구는 약 804만 가구(36.1%)로 2015년 520만 가구(27.2%)에 머물렀던 것이 3년 만에 800만 명대에 진입했다. 이에 따라 원룸, 오피스텔, 20평대 소형 아파트에 대한 수요가 폭증하고 있다. 과거 '가난한 사람이 사는 집'이라던 편견을 벗고 이제는 '스마트한 선택'으로 인식이 바뀌었다.

넷째, AI와 빅데이터가 소액 투자자를 전문가로 만들어주고 있다. 과거에는 부동산 투자 정보가 대형 건설사나 부동산 전문가의 전유물이었다면, 이제는 챗GPT와 같은 AI 도구로 투자 분석을 하고, 부동산 빅데이터 플랫폼으로 실시간 시세를 확인하고, AI 추천 알고리즘으로 투자 적기를 포착할 수 있다.

이 책은 연봉 4천만 원 전후의 평범한 직장인을 위한 현실적인 부동산 투자 솔루션이다. 전작 『1천만 원 부동산 투자』에서 독자들은 다음과 같은 후기를 남겼다.

'1천만 원으로 부동산 투자가 가능하다는 것을 깨달았습니다.'
'책에서 제시한 오피스텔 투자로 3년 만에 2천만 원 수익을 올렸습니다.'

'소형 아파트 갭투자로 월 100만 원 임대수익을 만들었습니다.'

하지만 전작이 출간된 수년 전과 지금은 투자환경이 완전히 달라졌다. 부동산 테크 플랫폼의 진화, 크라우드펀딩과 리츠의 대중화, 빅데이터 기반 분석도구의 등장으로 소액 투자자도 전문가 수준의 정보와 기회에 접근할 수 있게 되었다. 이번 『1천만 원 부동산 투자: 초수익 시크릿』은 오늘날의 투자환경을 반영해 기존의 공식을 보완하고 현실에 맞게 업그레이드했다.

특히 AI 도구의 발전은 게임 체인저가 되었다. 이제 챗GPT에게 '하남시 교산신도시 오피스텔 투자 어떨까?'라고 물어보면 지역 분석부터 수익률 계산까지 전문가 수준의 답변을 받을 수 있다. 물론 팩트체크 없이 이러한 정보를 무분별하게 받아들여선 안 되지만, 시의성 있는 유용한 도구가 생긴 것은 분명하다.

이번 책에는 이러한 핵심 변화를 담았다. 첫째, 투자환경의 근본적 변화를 반영했다. 둘째, AI 시대에 맞는 스마트한 투자방법을 제시한다. 셋째, 1천만 원으로 시작 가능한 현실적 투자 로드맵을 제공한다.

무엇보다 부동산학 박사로서 쌓아온 탄탄한 이론적 기반과 교수로서의 교육·연구 경험, 그리고 100세 시대 생애재무설계 전문가로서의 현실적인 솔루션을 녹여냈다. 특히 30세 이상의 성인 학습자들과 함께하며 체득한 '일과 투자를 병행하는 현실적 전략'을 중점적으로 다뤘다.

서울 아파트 평균 매매가는 2025년 7월 기준 14억 572만 원으로 처음으로 14억 원을 넘겼고, 11월 16일 기준 15억 5,968만 원으로 15억 원을 훌쩍 넘겼다. 내 집 마련조차 어려운 상황에서 투자가 사치처럼 느껴질 수 있다. 하지만 바로 그렇기에 소액 부동산 투자가 중요하다. 집값이 오르는 것을 구경만 할 것인가, 아니면 작은 금액이라도 투자해서 그 상승의 혜택을 나눠가질 것인가. 선택은 당신의 몫이다.

지금 이 순간에도 부동산 가격은 움직이고 있고, 기회는 준비된 자에게만 찾아온다. '언젠가 여유가 생기면 투자해야지'라고 생각하고 있는가? 그 '언젠가'는 영원히 오지 않을 것이다. 여유가 생길 때까지 기다리면 투자의 진입장벽만 높아질 뿐이다.

이 책이 여러분이 평범한 직장인에서 부동산 투자자로 도약하는 첫걸음이 되기를 바란다. 노동이 아닌 자산이 자산을 만드는, 돈이 나 대신 일해서 돈을 버는 꿈만 같은 일이 단돈 '1천만 원'으로 시작될 수 있다. 이 책과 함께라면 말이다.

제승욱

목차

서문_소액 부동산 투자에서 답을 찾다   004

1장. 부의 대전환, 부동산이 살길이다

평생직장의 종말, 평생자산을 만들어라   017

금리 인하기가 곧 골든타임   024

AI가 만든 새로운 기회   031

소액으로 시작하라   036

1천만 원으로도 충분한 이유   042

부자가 되고 싶다면 은행을 떠나라   048

요즘 세대가 꼭 알아야 할 부동산 투자 마인드   055

정책이 바뀌어도 기차는 달린다   061

100세 시대에 대비하라   069

부린이를 위한 제언_연봉 4천만 원 직장인의 투자 전략   074

2장. 소액으로 시작하는 부동산 투자공식

소액 부동산 투자공식 2.0　　083

대기업 김 대리 vs. 중소기업 이 사원　　090

크라우드펀딩과 리츠 활용법　　096

통화정책 변화와 부동산 투자 타이밍　　104

공급 부족 시대의 투자 기회 포착법　　110

절약형 인간에서 투자형 인간으로의 전환　　116

성공하는 투자자의 7가지 습관　　123

실패 없는 투자는 없다　　129

부린이를 위한 제언_1천만 원으로 시작하는 첫 투자 로드맵　　136

3장. 앞으로 5년, 여기에 투자하라

입지의 새로운 정의, GTX와 메가시티　　145

KTX 역세권이 뜨는 이유　　151

데이터센터와 물류센터 주변에 기회가 있다　　156

소형 평수가 뜬다　　162

역세권만큼 중요한 도보 생활권　　168

오피스텔 vs. 소형 아파트　　174

지방 중소도시에서 숨겨진 보석 찾기　　180

종목별 빅데이터 투자 노하우　　186

부린이를 위한 제언_발품보다 데이터가 먼저다　　196

4장. 소액 부동산 투자자가 꼭 알아야 할 황금 기준

분양권 투자의 새로운 패러다임　　　　　　　　　205

영끌, 빚투 시대의 종말　　　　　　　　　　　　212

주택담보대출 현명하게 이용하기　　　　　　　　217

강남 1주택자 vs. 지방 다주택자　　　　　　　　222

부동산 투자 3·3·3 법칙　　　　　　　　　　　227

미분양 아파트를 고르는 황금 기준　　　　　　　231

무엇에, 언제 투자할 것인가?　　　　　　　　　237

부린이를 위한 제언_믿지 말고 직접 검증하라　　242

5장. 미래를 바꾸는 소액 부동산 투자

부동산 정책 대해부　　251

전세가율로 읽는 매수 타이밍　　259

신축의 함정과 구축의 기회　　265

호재와 악재를 구분하는 눈　　272

인구 절벽론, 진실은 무엇일까?　　280

시장 신호를 읽는 5가지 지표　　287

시장 사이클별 대응 전략　　298

금리 변동기 생존 매뉴얼　　304

부린이를 위한 제언_수익 실현의 기술　　310

종문_평범한 직장인도 부동산 부자가 될 수 있다　　314

특별부록_투자 유망 지역 TOP 20　　318

사람이 태어나서 죽을 때까지 쉬지 않고 해야 될 것이 3가지가 있다. 첫째는 운동, 둘째는 공부, 셋째는 투자다. 그런데 오늘날에는 여기에 하나를 더 추가해야 한다. 바로 '평생자산 만들기'다.

1장

부의 대전환, 부동산이 살길이다

평생직장의 종말, 평생자산을 만들어라

직장이 인생을 책임지지 않는 시대

세상이 참 많이 변했다. 옛말에 10년이면 강산도 변한다고 했던가? 이제는 10년이라는 말이 무색할 정도로 하루하루 세상이 너무 빨리 변하고 있다. 인공지능과 디지털 혁신이 촉발한 변화의 속도는, 앞으로의 10년이 과거 100년을 압도할 만큼 거대한 전환을 만들어낼 것으로 보인다.

우리네 일자리는 이미 근본적인 변화를 겪었다. 과거 아버지와 삼촌이 다니던 직장은 평생직장이라 불렀다. 당시엔 하나의 직장이 아버지와 삼촌을 정년까지 책임졌다. 그런데 지금은 어떤가? 공무원과 공기업 재직자, 몇몇 전문직을 제외하고는 평생직장이라는 개념이 사라진 지 오래다.

더 심각한 것은 AI와 자동화 기술의 발전이다. 챗GPT와 같은 생성형AI가 등장하면서 화이트칼라 직업군도 더 이상 안전하지 않다. 번역가, 회계사, 변호사, 심지어 의사까지도 AI에게 일부 업무를 내주고 있다. 실제로 "AI가 일자리를 뺏을까?"라는 질문은 식상하게 느껴진다. 이제 질문은 "그래서 기업이 언제, 어떻게 인력을 AI로 대체할까?"로 바뀌어야 한다. 예전처럼 하나의 직장이 우리의 인생을 책임지지 않을 뿐만 아니라, 아예 그 직업 자체가 사라질 가능성도 높아지고 있다.

대학도 그렇다. 과거엔 좋은 대학이 좋은 일자리를 보장해줬지만 지금은 그렇지 않다. 고성장 시기에는 매년 공채 시즌만 되면 여러 기업이 유수의 대학을 졸업한 인력을 우수수 뽑아갔다. 하지만 지금은 스타트업 창업자나 유튜버가 대기업 임원보다 더 많은 돈을 버는 시대가 되었다. 학벌보다는 개인의 창의성과 실행력이 더 중요해진 것이다.

각자도생의 시대,
평생자산이 답이다

각자도생의 시대가 도래하면서 지금 우리나라는 재테크 열풍이다. 하지만 단순한 재테크를 넘어서 '평생자산'이란 개념이 주목받고 있다. 평생자산이란 한 번 만들어놓으면 평생에 걸쳐 지속적으로 수익을 창출하는 자산을 말한다. 주식이나 암호화폐와 같은 금융 투자는 시세 변동에 따라 등락을 반복하지만, 부동산은 제대로 된 입지에 투자하면 평생자산이 될 수 있다.

과거에는 부동산 투자라고 하면 자본이 있는 중장년층의 전유물처럼 여겨지곤 했다. 그러나 근래엔 20~30대도 직장에 다니면서 주말을 이용해 임장을 하는 등 부동산 투자에 적극적으로 임하고 있다. 이들은 직장을 '월급을 받는 곳'이 아니라 '평생자산을 만들기 위한 종잣돈을 모으는 곳'으로 인식하고 있다.

사람이 태어나서 죽을 때까지 쉬지 않고 해야 될 것이 3가지가 있다. 첫째는 운동, 둘째는 공부, 셋째는 투자다. 그런데 오늘날에는 여기에 하나를 더 추가해야 한다. 바로 '평생자산 만들기'다. 직장이 미래를 담보해주지 않으니 살아남기 위해서라도 꼭 평생자산을 만들어야 한다.

필자는 사회생활을 본격적으로 시작한 20대 후반부터 부동산과 주식에 투자했다. 연봉이 적었기에 '언제 이 푼돈을 모아 목돈을 만들 수 있을까?' 하는 자괴감이 들곤 했다. '내가 이 직장에 언제까지 다닐 수 있을까?' '설사 정년까지 어찌어찌 다닌다 해도 이 월급으로 결혼을 하고 자녀를 키울 수 있을까?' '만약 AI가 내 업무를 대체하면 어떻게 하지?' 이런저런 고민이 꼬리에 꼬리를 물었다. 생각할수록 직장 월급만으로는 살 수 없다는 결론이 나왔다.

누군가 필자에게 지금껏 살면서 가장 의미 있는 시기가 언제였냐고 물어본다면 서슴없이 '20대 때 평생자산의 토대를 만들던 시기'라고 답할 것이다. 당시 우리 부부의 월급은 합쳐도 고작 300만 원이 조금 넘는 수준이었다. 그런 상황에서 죽기 살기로 한 달에 200만 원을 저축했다.

이때 중요한 것은 단순히 돈을 모으는 것이 아니라 '평생자산 마인드'를 갖는 것이었다. 매달 200만 원을 저축하면서도 '언젠가는 이 돈으로 부동산에 투자해 월세 수입이 월급을 넘어서는 날이 올 것이다'라는 확신을 가지고 있었다. 그러한 마음가짐으로 1년 동안 2,400만 원의 종잣돈을 모으게 된다. 신혼부부가 한 달에 약 100만 원을 가지고 생활하는 건 불가능한 일이다. 하지만 우리에게는 목표가 있었다. 목표가 있었기에 모든 유혹을 이겨낼 수 있었다.

특히 자동차는 절대 사지 않았다. 자동차는 사는 즉시 중고차가 되는 소비재이지 자산이 아니다. 평생자산을 만들려면 자산과 소비재를 명확히 구분해야 한다. 자산은 나에게 돈을 가져다주는 것이고, 소비재는 나에게서 돈을 가져가는 것이다. 자동차, 명품, 최신 스마트폰 등은 모두 소비재다.

1년간 종잣돈을 모으면서 부동산 투자 공부도 열심히 했다. 단순한 재테크 공부가 아니라 '평생자산을 만드는 법'을 공부했다. 한 번 사면 평생에 걸쳐 임대수입을 가져다줄 수 있는 부동산이 무엇인지, 어떤 입지에 투자해야 하는지를 중점적으로 연구했다.

아직도 부동산 투자는 큰돈이 있어야 하고, 빚 없이 100% 내 돈으로 해야 한다고 생각하는 사람이 부지기수다. 하지만 평생자산 관점에서 보면 이는 잘못된 사고방식이다. 5억 원의 아파트라도 전세가가 4억 원이면 1억 원만 있어도 살 수 있다. 중요한 것은 아파트 가격 상승이 아니라 매월 들어오는 임대수입이다. 만약 이 아파트를 월세로 전환해서 매월 200만 원의 임대수입이 들어온다면 이것이 바로 평생자산이다. 4년만 임대를 주면 4,800만 원의 수입이 생기고, 아파트는 여전히 내 소유로 남아 있다.

평생자산의 핵심은 '현금흐름(Cash Flow)'이다. 매월 일정한 임대수입이 들어와서 생활비를 충당할 수 있다면 더 이상 직장에 의존하지 않아도 된다. 이것이 진정한 경제적 자유다. 필자는 다가구주택 투자를 통해 태어나서 처음으로 평생자산을 소유했다. 등기부등본에 이름이 올라가는 것보다 더 중요한 것은 매월 들어오는 임대수입이었다. 그 돈으로 생활비 일부를 충당할 수 있게 되자 직장에서의 스트레스가 확연히 줄었다.

첫 번째 부동산을 산 후 2년 뒤 전세와 월세가 오르면서 또 다른 투자자금이 되었고, 결국 5년 만에 시세차익과 임대수익 두 마리 토끼를 잡게 된다.

지금 바로 시작하는
평생자산 투자

많은 직장인이 불확실한 미래에도 불구하고 시간에 순응한 채 살고 있다. '설마 AI가 내 일자리까지 빼앗겠어?' '정년까지 잘 다닐 수 있겠지?' 하는 헛된 믿음으로 말이다. 다시 한번 강조하지만 평생직장이 사라지면서 이제는 평생자산만이 진정한 해답이다.

일단 부동산 공부를 시작하면서 종잣돈을 모으자. 종잣돈은 투자로 모으는 게 아니다. 처음에는 보수적으로 예적금을 권장한다. 평생자산의 첫 번째 원칙은 원금 보존이다. 초기 종잣돈을 잃으면 평생자산 만들기는 물 건너간다. 종잣돈은 여러분에게 큰 힘이 된다. 직장에서 아무리 힘들고 괴롭다 해도 불어나는 종잣돈을 보며 견디기 바란다. '1~2년만 지나면 나도 평생자산의 소유자가 될 수 있다' 하는 생각을 하면 오히려 힘이 난다.

평생자산의 궁극적 목표는 돈이 돈을 버는 구조를 만드는 것이다. 돈을 위해 일을 하는 것이 아닌, 돈이 여러분을 위해 일해야 한다. 임대수입이 생활비를 넘어서는 순간, 여러분은 진정한 경제적 자유를 얻게 된다.

평생직장은 끝났지만, 평생자산은 시작되었다. 지금이라도 늦지 않았다. 성실히 종잣돈을 모아 평생자산을 만들어보자. 평생자산 만들기가 오늘날 우리의 새로운 생존 전략이다.

금리 인하기가
곧 골든타임

아직도 재테크를 하는 사람보다 하지 않는 사람이 훨씬 많다. 정확한 데이터를 찾기는 어렵지만 경험상 직장인 10명 중 3명 정도만 적극적으로 투자를 하는 것 같다. 그럼 나머지 7명은 무엇을 할까? 대부분 이번 달 벌어서 그 달에 쓰는 삶을 산다. 최악의 경우 저번 달 카드값을 갚거나 무리한 대출금을 갚는 등 마이너스의 삶을 산다.

2022년부터 2024년까지 급격한 금리 인상기를 거치면서 많은 사람이 높아진 예적금 금리에 만족했다. 연 4~5%의 예적금 금리가 나오자 '굳이 위험한 투자를 할 필요가 있을까?'라는 안일한 생각이 확산되었다. 하지만 2025년 들어 미국과 한국의 금리 인하 사이클이 본격화되었다. 이제 다시 저금리 시대로 돌아갈 가능성이 높아지고 있다.

저축을 하는 사람은 형편이 나은 편이다. 대개 은행상품을 통해 한 달에 자신의 월급 일부를 저축하고 만기에 원금을 보장받는다. 쥐꼬리만 한 이자에 실망하지만 원금 보장이라는 안전자산의 유혹을 뿌리칠 수 없다. 문제는 여기서 발생한다. 사회초년생이라면 종잣돈을 모으기 위해 원금이 보장되는 적금을 이용하는 것이 맞다. 그러나 금리 인하 시대가 본격화되면 예적금 금리는 다시 1~2%대로 떨어질 것이다. 이때도 '원금 보장'만 추종한다면 물가상승률조차 따라잡지 못하는 마이너스 실질수익률을 감수해야 한다. 통화량 증가, 물가 상승, 환율 상승 등이 복합적으로 작용해 화폐의 구매력이 떨어지는 것을 염두에 둬야 한다.

부자이거나 부자가 될 사람 중에 금리 사이클을 무시하는 사람은 없다. 금리는 부동산 시장의 가장 중요한 변수다. 금리가 오르면 부동산 시장은 침체되고, 금리가 내리면 부동산 시장은 활황을 맞는다. 이는 경제학의 기본 원리다.

2025년 들어 미 연준과 한국은행은 금리 인하 정책을 펼치고 있다. 미국은 2024년 말부터 기준금리를 인하하기 시작했고, 한

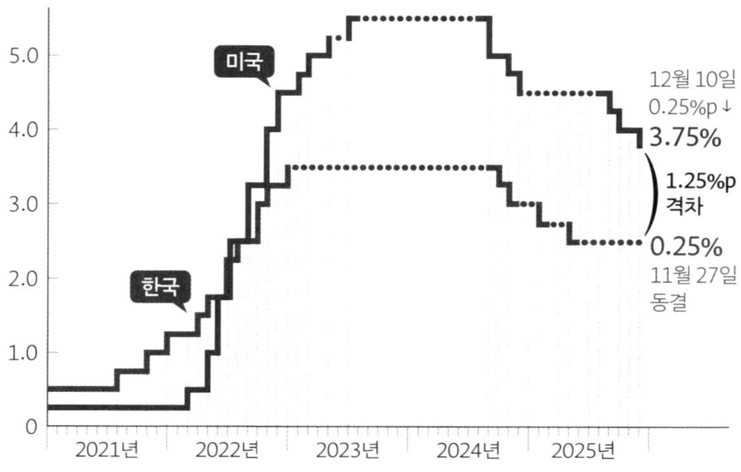

국도 뒤따라 금리 인하에 나섰다. 이는 부동산 투자에 있어 절호의 기회를 의미한다.

금리 인하 시대의 부동산 투자 기회는 크게 3가지다.

첫째, 대출금리 하락으로 레버리지 투자 비용이 줄어든다. 둘째, 예적금 수익률 하락으로 부동산 등 대체 투자에 대한 대중의 관심이 높아진다. 셋째, 경기 부양 효과로 부동산 거래량과 가격이 상승한다.

필자가 부동산 투자를 시작한 지도 벌써 20년이 지났다. 그동안 여러 금리 사이클을 경험했는데, 가장 큰 수익을 낸 시기는 모두 금리 인하기였다. 2008년 글로벌 금융위기 이후 저금리 시대, 2016~2017년 추가 금리 인하기, 2020~2021년 코로나19 초저금리 시대 모두 최적의 환경이었다. 금리 인하로 이자율이 하락하면 부동산 투자에 대한 수요가 늘고, 부동산 가격은 상향 압력을 받는다.

필자도 처음부터 운이 좋았던 것은 아니다. 고금리 시대에 무리한 투자를 했다가 실패도 맛봤다. 아버지의 권유로 미분양 아파트를 잡았는데 당시 높은 대출금리와 건설사 부도 위험으로 입주 시기에 잔금을 치르지 못해 계약금과 각종 비용 약 2천만 원을 날렸다. 하지만 그때의 실패가 금리 사이클의 중요성을 깨닫게 해줬다.

부동산 투자는 타이밍이 중요하고, 그 타이밍을 결정하는 가장 중요한 요소가 바로 금리다. 금리가 높을 때는 보수적으로, 금리가 낮을 때는 적극적으로 투자해야 한다.

젊은 날은 실패와 고난의 연속이었다. 그때의 아픔과 고통이 있었기에 지금의 안목이 생겼다. 삶은 잔인한 교사다. 당신에게 먼저 벌을 준 후에 교훈을 준다. 그때의 실패가 지금의 나를 부동산학 박사이자 대학 교수로 만들었고, 금리 사이클에 맞는 투자 전략을 수립할 수 있게 했다.

금리 인하기는
부동산 골든타임

필자의 친구들도 그렇고 많은 이가 부동산 투자를 주저한다. 특히 금리 인하 초기에는 "혹시 다시 금리가 오르면 어떡하지?"라는 걱정을 한다. 금리 인하 사이클은 보통 2~3년간 지속된다. 이 기간이 바로 부동산 투자의 골든타임이다.

금리 인하기에는 특히 레버리지를 활용한 투자가 유리하다. 대출금리가 낮아지면서 투자 비용이 줄어들고, 임대수익률과 대출금리의 차이인 '스프레드'가 확대되기 때문이다. 예를 들어 임대수익률이 4%고 대출금리가 3%라면 1%의 스프레드를 얻을 수 있다.

개인적으로 가장 현실적인 물건은 역세권 20평대 소액 아파트라고 생각한다. 매매금액과 전세금이 거의 붙어 있는 안전한 물건에 저금리 대출을 끼고 투자하거나, 전세를 통한 갭투자를 한다면 임대수익 또는 시세차익을 노릴 수 있다. 10년 이상 된 구축 아파트 중 매매금액 2억~4억 원 사이, 20~30평대, 방 3칸, 역세권, 초·중학교 근처에 있는 물건은 저금리 시대에 가장 안전하고 수익성 높은 투자처다.

금리 인하기에는 분양권 투자도 고려해볼 만하다. 금리가 낮아지면서 건설사들의 자금 조달 비용이 줄어들어 분양가 상승 압력이 완화된다. 또한 입주 시점까지 3~4년의 기간 동안 저금리 환경이 지속되면서 시세 상승 여력이 커진다.

무엇이든 시작이 반이다. 특히 금리 인하 초기에 투자를 시작하는 것이 중요하다. 금리 인하 효과가 부동산 시장에 본격 반영되기까지는 6개월~1년의 시차가 있기 때문이다. 지금 시작해야 금리 인하의 수혜를 온전히 받을 수 있다.

사람은 누구나 안정을 선호한다. 하지만 투자는 다르다. 특히 금리 사이클을 활용한 투자는 타이밍이 생명이다. 금리가 바닥을 찍고 다시 상승하기 시작하면 부동산 투자의 골든타임은 끝난다.

위험을 줄이기 위해선 공부가 필요하다. 금리 동향을 모니터링하고, 부동산 시장의 흐름을 파악해야 한다. 책도 많이 읽어야 하고, 금리와 부동산의 관계를 이해해야 한다. 투자 타이밍도 알아야 하고, 매도 타이밍도 잡아야 한다.

시간은 여러분의 편이지만 골든타임은 길지 않다. 금리 인하 사이클은 영원히 지속되지 않는다. 언젠가는 다시 금리 상승 사이클이 시작될 것이다. 부동산 투자는 빠르면 빠를수록 좋다. 금리 인하 초기에 투자해야 최대 수익을 얻을 수 있다.

안전한 원금 보장 상품으로 종잣돈을 모았다면 이제는 행동에 나서야 한다. 금리 인하 시대에 맞는 부동산 공부를 해야 한다. 대출 조건을 알아보고, 투자 지역을 선정하고, 물건을 선별해야 한다. 중요한 건 실행력이다. 금리 인하 초기라는 확신이 서면 뒤도 돌아보지 말고 투자해야 한다.

생각은 깊게 하고, 행동은 빠르게 해야 골든타임을 놓치지 않는다. 씨를 뿌려야 수확을 할 수 있듯이 금리 인하기에 투자해야 부자가 될 수 있다. 금리 사이클을 모르고 부자가 된 부동산 투자자는 아무도 없다. 부디 여러분이 이번 금리 인하 사이클을 놓치지 않고 부자의 길에 섰으면 좋겠다.

AI가 만든 새로운 기회

생성형AI 시대,
더욱 중요해진 부동산

지금 여러분의 연봉은 얼마인가? 억대 연봉일 수도, 시간당 1만 원 수준일 수도 있다. 그런데 오늘날 더 중요한 질문이 있다. 당신의 일자리는 생성형AI에게 대체될 가능성이 얼마나 되는가? 사람들은 자신의 몸값을 연봉에 비유하지만, 이제는 'AI 대체 가능성'도 함께 고려해야 한다.

챗GPT가 본격적으로 세상에 등장한 2022년 이후 생성형AI는 단순 반복 업무를 넘어 창의적인 업무까지 대체하기 시작했다. 번역가, 카피라이터, 일부 변호사와 회계사까지도 AI에게 일자리를 내주고 있다. 프로야구에서도 연봉 1억 원 선수와 10억 원 선수의 가치가 다르듯이, 이제는 AI로 대체 불가능한 일자리와 대체 가능한 일자리의 가치가 확연히 달라지고 있다.

필자도 한때는 직장인이었다. 처음 직장인이 된 2007년 첫 연봉은 고작 2천만 원 정도였다. 한 달 실수령액은 150만 원가량이었다. 제약회사였는데 영업직이다 보니 부산에 있는 피부과와 성형외과를 돌아다니며 의사를 상대로 제품을 홍보해야 했다.

그런데 지금 그 일을 한다면 어떨까? AI가 고객 데이터를 분석해서 최적의 영업 루트와 맞춤형 제품 설명을 제공할 것이다. AI 챗봇이 기본적인 고객 상담을 처리하고, 영업사원은 AI가 스크리닝한 핵심 고객만 만나면 된다. 영업 효율은 10배 이상 향상되겠지만, 필요한 영업사원의 수는 10분의 1로 줄어들 것이다.

좋은 대학, 좋은 기업에 가더라도 AI 대체 위험에서 자유롭지 않다. 우리나라 최고의 대학인 서울대학교는 매년 3천 명만 들어갈 수 있다. 반면 부자는 정원이 없다. 더 중요한 것은 부동산과 같은 물리적 자산은 AI가 대체할 수 없다는 점이다. 사실 세상에서 가장 중요한 공부가 돈 공부고 부자 공부다. 그런데 그 누구도 우리에게 가르쳐주지 않는다. 특히 생성형AI 시대에 부자 되는 법은 더욱 그렇다. 학교에서는 여전히 20세기 방식의 교육을 하고 있고, 직장에서도 AI 시대의 재테크 비법과 같은 건 가르쳐주지 않는다.

우리나라 직장인 중 일을 하고 싶어서 하는 사람이 몇이나 될까? 대부분 회사의 노예가 되어 하루 8시간을 저당 잡힌다. 그런데 생성형AI가 발달하면서 이런 단조로운 업무가 점점 AI에게 넘어가고 있다. 월요병도, 수요일의 사표 고민도, 불금도 곧 AI 시대에는 과거의 추억이 될지 모른다. 왜냐하면 그런 반복적인 업무 자체가 사라질 가능성이 높기 때문이다.

다람쥐 쳇바퀴 도는 직장생활에서 벗어나고 싶다면 더더욱 부동산 투자를 시작해야 한다. 생성형AI는 가상의 콘텐츠는 만들 수 있지만 물리적인 부동산은 만들 수 없다. 사람들이 살 집, 일할 사무실, 쇼핑할 상가는 여전히 필요하고, 이런 물리적 공간의 가치는 오히려 높아질 것이다.

매달 꾸준히 현금흐름이 있는 직장인일 때 부동산을 공부해야 한다. 특히 AI에게 일자리를 빼앗기기 전에 말이다. 부동산 투자는 긴 안목이 필요한 분야다. 즉 지금 당장의 행복이 아닌, AI 시대의 생존을 위한 과정이다.

생성형AI 시대에는 부동산 투자 방식도 달라지고 있다. AI가

빅데이터를 분석해서 투자 적정 지역을 추천해주고, 시세 정보를 실시간으로 제공한다. 부동산 관련 서류 작성도 AI가 도와준다. 과거에는 부동산 전문가만 알 수 있었던 정보가 이제는 AI를 통해 일반인도 쉽게 접근할 수 있게 되었다.

흔히 주식 투자는 적은 돈으로 가능한 반면, 부동산 투자는 큰 돈이 있어야 된다고 생각한다. 하지만 AI 시대에는 이런 고정관념도 바뀌고 있다. AI가 제공하는 정확한 시세 정보와 투자 분석을 바탕으로 더 적은 자본으로도 효율적인 부동산 투자가 가능해졌다.

또 AI 시대에는 '원격근무'가 일상화되면서 부동산 투자의 패러다임이 변하고 있다. 과거에는 직장 근처의 부동산이 인기였다면, 이제는 생활 인프라가 좋고 주거환경이 쾌적한 지역의 부동산이 주목받을 것이다. 재택근무가 늘어나면서 집이 단순한 '잠자는 곳'에서 '업무와 생활이 모두 이뤄지는 공간'으로 바뀌었기 때문이다.

과거 부자들은 대부분 부동산을 통해 부를 축적했다. 그런데 AI 시대의 부자들은 더 정교한 전략을 구사하고 있다. AI가 제공하는 데이터 분석을 바탕으로 더 정확한 투자 결정을 내리고, AI가 처리하는 업무 효율화를 통해 더 많은 시간을 투자 연구에 쓸 수 있게 되었다. 예를 들어 AI가 분석한 인구 이동 패턴, 교통 인프라 개발계획, 상권 변화 트렌드 등을 종합해서 미래 가치 상승

지역을 예측할 수 있다. 과거에는 이런 분석에 몇 달이 걸렸지만 이제는 AI를 통해 몇 시간 만에 가능하다.

생성형AI가 발달하면서 콘텐츠 제작 일자리는 줄어들고 있지만, 물리적 공간을 활용한 비즈니스는 오히려 늘어나고 있다. 카페, 레스토랑, 체험형 쇼핑몰, 헬스클럽 등 사람들이 직접 와서 경험해야 하는 업종이 부상하고 있다. 이런 업종이 들어설 상가 부동산의 가치는 더욱 높아질 전망이다.

여러분은 AI에게 대체되는 인생을 살 것인가, 아니면 AI를 활용해서 더 정교한 부동산 투자로 부자가 되는 인생을 살 것인가? 직장인으로서 AI 시대에도 살아남을 자신이 있다면 상관없다. 하지만 그렇지 않다면 근로소득에만 의존해서는 안 된다.

누구나 부자를 꿈꾸지만 아무나 부자가 될 수는 없다. 특히 AI 시대에는 더욱 그렇다. 주변을 둘러보라. 근로소득만 가지고 부자가 되는 사람은 극소수다. 적어도 이 책을 읽는 독자만이라도 미래를 대비하지 못해 뒤처지는 실수를 하지 않았으면 한다. 앞으로 어떤 마인드로, 어떤 방식으로 부동산 투자에 임해야 할지 하나씩 설명하겠다.

소액으로 시작하라

"잠자는 동안에도 돈이 들어오는 방법을 찾아내지 못한다면 당신은 죽을 때까지 일을 해야만 할 것이다."

세계적인 투자가 워런 버핏의 말이다. 2026년 90세를 넘긴 나이에도 약 160조 원의 자산을 소유하고 있는 그다. 이렇게 막대한 부를 축적할 수 있었던 비결은 '복리의 마법'과 '소액에서 시작한 꾸준한 투자'에 있다. 워런 버핏도 처음부터 큰돈이 있었던 것은 아니다. 1942년 12세도 되지 않은 나이에 단돈 114.75달러어치

주식을 산 것이 투자의 시작이었다. 16세에 이 투자금은 약 5만 3천 달러로 불어났고 복리의 힘으로 지금의 부를 이뤘다.

그는 남들이 겁을 먹고 있을 때 욕심을 부려야 한다고 강조한다. 소액 투자자에게 이보다 중요한 교훈은 없다. 남들이 두려워할 때 용기 있게 소액으로 시작하면 된다.

당신이 잠든 동안에 어떤 일이 벌어지고 있는가? 깨어 있는 동안에만 돈을 벌고 있다면 이제라도 상황을 바꿔야 한다. 특히 소액 투자자일수록 시간의 힘을 제대로 활용해야 한다. 100세 시대란 60세에 은퇴해도 40년이란 시간이 우리를 기다린다는 뜻이다. 소액이라도 지금 시작해야 이 40년의 시간을 내 편으로 만들 수 있다.

소액 부동산은 여러분이 잠든 사이에도 적어도 물가상승률만큼 올라간다. 여러분이 1억 원대 소액 아파트에 투자해 세입자를 구해 전세를 놓으면 적어도 2년이라는 시간을 벌 수 있다. 이 2년 동안 추가로 투자를 공부하고, 다음 투자처를 물색하면서 시간을 보내면 된다. 그러면 자산이 저절로 불어나는 경험을 할 수 있다.

필자는 20년 전부터 소액 부동산 투자를 이어왔다. 필자가 선택한 물건은 대부분 지방 20평대 구축 아파트, 빌라였다. 처음 시작할 때는 정말 '소액'이었다. 1천만 원으로 시작해서 지금의 포트폴리오를 만들어냈다. 과거에는 LTV 70%까지 대출을 해줬다. 즉

1억 원짜리 아파트를 사면 7천만 원은 대출이 나왔다. 나머지 잔금 3천만 원 중 2천만 원은 전세보증금으로 대체가 가능했다. 즉 약 1천만 원만 있으면 1억 원짜리 소액 부동산을 살 수 있었다.

현재는 규제가 강화되어 과거와 같은 조건은 어렵지만 여전히 소액으로 부동산 투자를 시작할 수 있는 방법은 많다. 특히 지방 소액 아파트나 경매를 통한 투자, 그리고 최근 많이 하락한 오피스텔에 투자하는 등 방법은 다양하다.

소액 부동산은
위험하다는 착각

여러분이 소액으로 부동산에 투자해야 하는 이유는 안정성과 접근성에 있다. 소액 자본일수록 주식, 펀드, 암호화폐와 같은 금융상품에 투자해야 한다고 말하는 전문가가 많다. 과연 그것이 최선의 선택일까? 금융상품이 부동산에 비해 적은 금액으로 시작하기 좋고 진입장벽이 낮은 것은 맞다. 문제는 변동성에 있다. 소액 투자자에게 가장 중요한 것은 목돈을 만드는 것이다. 큰 변동성에 노출되기보단 자산을 지키며 천천히 불려나가는 전략이 유효할 수 있다. 아마도 소액 부동산 투자가 외면받는 이유는 '소액으로 살 수 있는 부동산은 위험하다'라는 그릇된 인식 때문일 것이다. 물론 분양형 호텔이나 일부 지식산업센터처럼 주의가 필요한 상품도 존재한다. 그러나 모든 소액 부동산을 위험자산으로 보는 것은 분명한 오해다. 핵심은 금액이 아니라, 어떤 자산을 어떤 기준으로 선택하느냐다.

예를 들어 수도권 밖 20평대 소액 부동산은 보통 매매가격 1억 원에서 3억 원 사이다. 이러한 물건이 소액 투자자에게 적합한 이유는 방 3개짜리 20평대가 주거 형태 중 가장 수요층이 넓기 때문이다. 즉 환금성이 높고 손바뀜이 잦다. 1인 가구부터 4인 가구까지 살 수 있기에 전세나 월세 수요층이 두텁다.

무엇보다 소액 부동산의 가장 큰 장점은 실패해도 회복 가능하다는 점이다. 1천만 원 투자에서 실수하면 최대 손실도 1천만 원이다. 하지만 이를 통해 얻는 경험과 노하우는 훨씬 더 큰 가치가 있다. 반면 주식이나 암호화폐는 하루아침에 50% 이상 폭락할 수도 있어 소액 투자자에게는 너무 위험하다. 소액으로 소형 부동산에 투자해 전세나 월세를 놓으면 누구나 안정적으로 투자 수익을 누릴 수 있다. 가격이 저렴한 물건은 부동산 경기와 금리의 영향을 상대적으로 덜 받는다. 부린이일수록 소액 부동산에 투자해야 하는 이유다.

소액 부동산 투자의
현실적인 목표 수익

보통 소액 부동산은 1천만 원에서 3천만 원 정도 투자해서 2년이면 투자원금의 50~100% 수익이 나기 때문에 연평균 수익률로 보면 25~50%에 달한다. 이는 어떤 금융상품도 따라올 수 없는 수익률이다. 예를 들어 1억 5천만 원짜리 20평대 아파트를 전세 1억 2천만 원을 끼고 3천만 원에 매입했다고 가정해보자. 2년 후 이 아파트가 1억 8천만 원이 되면 3천만 원의 차익이 발생한다. 3천만 원 투자로 3천만 원을 번 것이니 수익률 100%다. 연평균 50%의 수익률인 셈이다.

물론 모든 투자가 이렇게 성공하는 것은 아니다. 하지만 제대로 된 입지의 소액 아파트라면 최소한 물가상승률(연 2~3%) 이상은 오른다. 설사 시세가 정체되더라도 전세금 상승분만으로도 투자원금을 회수할 수 있는 경우가 많다.

생각보다 어렵지 않으니 꼭 실천해보길 바란다. 아무것도 하지 않으면 아무 일도 일어나지 않는다. 아직 종잣돈이 없다면 종잣돈을 모으면서 부동산 공부를 하면 된다. 일단 소액이라도 실천하면 조금이라도 인생이 바뀔 것이다. 여러분은 잠들어도 여러분의 소액 부동산만큼은 잠들지 않고 일하기 바란다.

부린이일수록 소액 부동산에 투자해야 하는 이유를 정리해보면 다음과 같다.

첫째, 소액(1천만~3천만 원)으로도 충분히 투자가 가능해 진입 장벽이 낮다. 둘째, 지방일지라도 20평대 소액 부동산은 수요가 많다. 셋째, 투자금 대비 수익률이 높다. 레버리지 효과로 적은 돈으로 큰 수익을 얻을 수 있다. 넷째, 매매가격 1억~3억 원 소형 아파트는 안정성이 높다. 다섯째, 세금이 적다. 소액 부동산은 각종 세제 혜택을 받을 수 있다. 여섯째, 실패해도 회복이 가능하다. 실패하더라도 재기가 쉽고, 소액 투자를 통해 부동산 투자 노하우를 쌓을 수 있다.

추가로 세금 부분에 대해 좀 더 설명하면 소액 부동산은 다른 투자처에 비해 세금 면에서 유리하다. 예를 들어 1억 원을 은행 5% 정기예금에 불입할 경우 이자소득세(15.4%)만큼 세금이 붙는다. 부동산 투자의 경우 1세대 1주택이나 소액 투자자에게는 다양한 세제 혜택이 있다. 특히 공시가격 3억 원 이하 주택은 취득세 감면 혜택이 있고, 양도소득세도 보유기간에 따라 감면받을 수 있다. 소액 투자자에게 매우 유리한 조건이다.

소액 부동산 투자의 핵심은 '작게 시작해서 크게 키우는' 투자 철학에 있다. 단돈 114.75달러로 시작한 워런 버핏처럼, 여러분도 지금 가진 작은 돈으로 첫걸음을 내디뎌보자.

1천만 원으로도 충분한 이유

부동산 공부가 재테크의 시작이라면 소액 부동산 투자는 재테크의 추월차선이다. 특히 1천만 원이라는 작은 돈으로도 부동산 부자가 가능하다는 것을 많은 사람이 간과한다. 배우고 투자하면 실패하지 않는다. 무엇이든 시작은 배움에서 출발한다.

여러분이 처음 운전면허증을 따고 도로에 나가면 가장 어려운 것이 차선 변경일 것이다. 뒤에서 차가 와서 부딪힐 것 같은 두려움에 같은 차선만 고집하곤 한다. 그러나 두려움을 이겨내고 한두 번 시도해보면 어느새 요령이 생긴다. 부동산 투자도 마찬가지다.

1천만 원이라는 소액으로 시작하면 실패해도 타격이 적어 다시 도전할 수 있다.

부동산 투자도 처음에는 두렵고 확신이 없다. '1천만 원으로 무슨 부동산 투자를 할 수 있을까?'라는 의문부터 든다. 어느 지역에 어떤 부동산에 투자해야 할지 모른다. 지금 사야 될지 아니면 기다렸다 사야 될지 모른다. 하지만 소액이기에 오히려 용기를 낼 수 있다. 큰돈을 잃을 염려가 적기 때문이다.

누구나 투자는 두렵다. 20년 동안 부동산 투자를 해오고 있는 필자조차 가계약금을 입금하려면 두려움부터 앞선다. 그동안의 경험과 확신이 있기에 용기가 두려움을 이길 뿐이다. 특히 소액 투자라면 실패를 통해 배울 수 있는 '저렴한 학습비'라고 생각하면 된다.

1천만 원의 레버리지 효과

1천만 원으로 부동산 부자로 가는 초석을 다질 수 있는 이유는 '레버리지 효과'에 있다. 1천만 원으로 1천만 원짜리 자산을 사는 것이 아니라, 1억 원짜리 자산을 사는 것이다. 이것이 바로 부동산 투자의 마법이다. 예를 들어 1억 원짜리 소형 아파트가 있다고 하

자. 전세가가 8천만 원이라면, 나머지 2천만 원만 있으면 이 아파트를 살 수 있다. 여기서 각종 세금과 중개수수료 등을 고려하면 실제로는 2천만~2,500만 원 정도면 충분하다.

이렇게 1천만 원으로 1억 원짜리 자산을 소유하게 되면 아파트 가격이 10% 오르기만 해도 투자수익률은 100%가 된다. 1천만 원으로 1천만 원을 번 것이기 때문이다. 이것이 바로 소액으로도 부자가 될 수 있는 부동산 투자의 핵심 원리다.

물론 소액 투자에 앞서 최소한의 공부는 필요하다. 부동산은 실물자산이다. 실물자산은 정치, 경제, 사회, 문화, 예술 등 여러 분야가 유기적으로 엮여 영향을 주고받는다. 그래서 혹자는 부동산을 '종합예술과학'이라고 한다. 그렇다고 너무 복잡하게 생각할 필요는 없다. 개인적으로 부동산 공부의 초석은 신문 구독이라고 생각한다. 일간지는 거의 모든 방면의 기사를 다룬다. 관심 분야가 아닐지라도 매일 꾸준히 읽으면 지식이 쌓인다. 한 달 신문 구독료 2만 원이면 가능하니 비용적으로 부담이 없다.

부동산 투자자가 신문에서 눈여겨봐야 할 부분은 다음과 같다.

1. 금리 동향: 금리가 내려가면 새로운 투자 기회를 모색하고, 올라가면 관망한다.
2. 지역 개발 소식: 지하철 연장, 대규모 개발사업 등을 눈여겨본다.

3. 미분양 정보: 미분양이 많은 지역은 피하되 완전히 해소된 지역
   에 관심을 둔다.

4. 전세가 동향: 전세가 상승 지역은 갭투자 기회가 있다.

필자는 군 제대 후부터 지금까지 신문을 구독하고 있다. 바쁠 때는 신문의 헤드라인만 쭉 읽어도 많은 정보를 얻을 수 있다. 무엇보다 분양 예정 아파트 정보도 입수할 수 있다. 소액 투자자에게는 분양권 투자도 좋은 기회가 될 수 있기 때문이다.

그다음으로 재테크 관련 책을 읽어야 한다. 소액 투자자라면 '소액 부동산 투자'를 사례로 다루는 서적부터 읽기를 권한다. 수십억 원 규모의 건물주 투자서를 읽어봤자 현실성이 떨어지기 때문이다.

어느 정도 공부가 되었다면 이제는 발로 뛸 차례다. 부동산 투자는 현장에 답이 있다. 소액 투자자라고 해서 임장을 소홀히 해서는 안 된다. 오히려 큰돈을 투자하는 사람보다 더 꼼꼼히 살펴봐야 한다. 핵심 임장 포인트는 다음과 같다.

1. 대중교통 접근성: 지하철역까지 도보 거리, 버스 노선

2. 편의시설: 마트, 은행, 병원 등과의 거리

3. 학군 정보: 초중고 학군(임대 수요와 직결)

4. 향후 개발계획: 역세권 개발, 재개발 가능성 등

필자 또한 투자를 할 때 반드시 현장과 주변 환경을 살펴본다. 특히 소액 투자에서는 '슈퍼마켓 정보 수집법'이 매우 유용하다. 해당 물건 근처에 있는 오래된 슈퍼마켓에 찾아가 주인에게 음료수를 사면서 주변에 대해 묻는 것이다. "이 아파트 전세 놓기 쉬운가요?" "젊은 사람이 많이 살아요, 나이든 분이 많이 살아요?" "요즘 이 동네 집값 어때요?" "혹시 급하게 파는 집 있나요?" 등 다양한 질문이 가능하다.

마음 설레는 일은
힘들지 않다

여러분이 부동산 투자가 적성에 맞는지 안 맞는지 알 수 있는 방법이 있다. 바로 '설렘'이다. 내일 1천만 원으로 살 수 있는 소액 부동산을 보러 임장을 가야 한다면 여러분은 어떤 마음이 드는가? 아마도 설레는 사람, 귀찮은 사람으로 나뉠 것이다. 마음이 설레는 사람은 부동산 투자가 적성에 맞는 것이고, 귀찮은 사람은 부동산 투자에 적성이 없는 것이다. 마음 설레는 일은 힘들지 않다.

특히 소액 투자자에게는 이런 '설렘'이 더욱 중요하다. 큰돈을 투자하는 사람은 의무감에라도 임장을 하지만, 소액 투자자는 순전히 본인의 의지와 열정에 달려 있기 때문이다. 필자가 부동산 투자를 오랫동안 해보니 부동산은 외향적이고 호기심이 많고 활동적인 유형이 잘한다. 1천만 원이라는 소액으로 시작하더라도 임장을 가기로 결정하면 일단 쿵쾅쿵쾅 가슴이 뛰어야 한다. 이런 성향의 사람은 아무리 발품을 팔아도 힘들지 않다.

1천만 원을 모으고 투자를 하기까지 생활비를 줄여가는 과정을 견디기란 쉽지 않다. 하지만 소액이기에 오히려 부담이 적다. 종잣돈을 모으는 시기를 기회 삼아 부동산 공부를 병행한다면, 1년이든 2년이든 그러한 고통의 시간을 잘 인내한다면 당신도 충분히 부자가 될 수 있다.

중요한 것은 1천만 원이 '끝'이 아니라 '시작'이라는 점이다. 1천만 원으로 첫 투자를 성공하면 그 수익으로 2천만 원, 3천만 원 규모의 투자를 할 수 있다. 이렇게 단계적으로 투자 규모를 늘려가다 보면 어느새 억대 자산가가 되어 있을 것이다.

인내는 쓰나 열매는 매우 달다. 다시 한번 강조하지만 소액 부동산 투자는 부의 추월차선이다. 1천만 원으로 시작하는 부동산 투자는 여러분이 부자가 되는 가장 현실적인 지름길이다. 예나 지금이나 변하지 않는 이 진리의 길에 들어선 여러분을 환영한다.

부자가 되고 싶다면 은행을 떠나라

빈자는 적금에 목매고 부자는 부동산을 산다

빈자와 부자의 가장 큰 차이점은 무엇일까? 단순히 돈의 양이 아니다. 바로 돈에 대한 관점이다. 빈자는 돈을 '저축'의 대상으로 보고, 부자는 돈을 '투자'의 수단으로 본다. 행복은 돈으로 살 수 없다지만 돈이 없으면 불편한 것이 사실이다.

20대 때는 돈이 없어도 조금 불편한 정도지만 30~40대 때는 가정의 생사가 달려 있다. 50~60대 때는 또 어떤가? 그 시기에는 가진 돈이 사회적 지위와 체면을 나타내고, 70대 이후에는 생존의 문제와 얽혀 있다. 돈은 절대적이다. 돈이 없으면 편안하게 죽지도 못한다.

여기서 중요한 것은 어떻게 돈을 불리느냐다. 은행 창구에서 적금 통장을 만드는 것으로는 절대 부자가 될 수 없다. 부자들은 은행을 돈을 빌리는 곳으로 이용하지 돈을 맡기는 곳으로 이용하지 않는다.

여러분은 간절함이 있다. 부동산 투자를 통해 부자가 되겠다는 간절함이 있다. 이 간절함이야말로 빈자와 부자를 가르는 결정적 차이다. 부자들도 처음에는 간절했다. 그 간절함이 그들을 은행 밖으로 이끌어냈다.

은행이
숨긴 진실

필자의 최근 목표는 4층짜리 전용면적 40평 정도의 상가건물을 소유하는 것이다. 1층은 카페, 2층은 법인 부동산, 3층은 부동산 아카데미, 4층은 스터디카페를 운영하고 싶다. 이런 꿈은 적금으로는 절대 이룰 수 없다. 매달 300만 원씩 적금을 넣어도 20년은 걸린다. 하지만 부동산 투자로는 10년 안에 가능하다.

은행 직원들조차 자신들의 돈을 적금에만 넣지 않는다. 그들도 부동산을 산다. 왜일까? 은행에서 일하는 사람들이 가장 잘 알기 때문이다. 적금으로는 부자가 될 수 없다는 것을. 요즘 똘똘한 한 채가 유행처럼 번지면서 상급지로 갈아타는 사람들이 많다. 하지만 똘똘한 한 채는 돈이 많이 들어간다. 소액 부동산과 달리 1억~2억 원 가지고는 살 수 없다. 그렇다면 일반인들은 어떻게 해야 할까? 바로 소액 부동산부터 시작하는 것이다.

한번은 필자가 강의하는 부동산 아카데미 수강생들에게 여유 자금이 얼마인지 물었다. 수강생 대부분 5천만 원에서 2억 원 사이라고 답했다. 이 정도 자금이면 충분히 소액 부동산 투자를 시작할 수 있다. 문제는 이들 중 상당수가 여전히 예적금만 찾는다는 것이다. 소액 부동산의 경우 고액의 똘똘한 한 채처럼 큰 시세차익은 기대할 수 없지만, 투자액 대비 수익률은 적금보다 훨씬 높다. 또 조금만 노하우와 경험이 쌓이면 안전하게 시세차익을 얻을 수 있다.

물론 이를 위해서는 어느 정도 투자 기술이 필요하다. 은행 적금처럼 무작정 돈만 넣으면 되는 것이 아니다. 예를 들어 비교적 단기간에 재건축이 될 수 있는 아파트인지 아닌지 구별할 수 있어야 한다. 입지도 경쟁력 있는지 꼼꼼히 따져야 한다. 역세권 여부도 중요하다. 지하철역 또는 GTX 예정지와 가까이 있어야 아파트 분양이 잘되기 때문이다. 재건축 여부는 다음과 같은 기준으로 판단한다.

1. 세대수: 1천 세대 이상이어야 유리

2. 대지지분: 15평 이상이어야 유리

3. 용적률: 250% 이하여야 개발 여력 충분

4. 건축연도: 30년 이상 된 아파트

대지지분은 구축 아파트를 철거하고 토지만 남을 경우 세대당 돌아가는 토지 면적을 뜻한다. 당연히 세대당 대지지분이 넓을수록 신축 아파트 재건축이 용이하다. 용적률은 적어도 250% 이하여야 한다. 용적률은 대지면적에 대한 연면적의 비율을 나타낸다. 공식은 다음과 같다.

용적률＝연면적÷대지면적×100

용적률 비율이 높을수록 추가적으로 지을 수 있는 건축 면적이 줄어들기 때문에 재건축 대상일 경우 용적률은 낮은 게 좋다.

아직 예적금이라는 잘못된 길을 걷고 있다면 지금이라도 방법을 달리해야 한다. 조상 대대로 부자가 아니라면 더욱 그렇다. 부자는 망해도 3년은 간다는데 여러분은 부자가 아니기 때문에 3년도 가지 못한다. 예적금이 원금을 지켜준다는 환상에서 벗어나야 한다. 설사 금리가 다시 상승하는 시기가 온다고 해도 먼 옛날의 고금리 수준까지 치솟을 수는 없다. 저금리는 저성장·저금리·저출산이라는 '3저 시대'의 숙명이다. 금리 하락기가 온다면 은행을 탈출할 수 있는 좋은 기회라 생각하고 과감히 투자에 나서야 한다.

필자가 초등학교에 다닐 때만 해도 매주 저축을 했다. 학교에서도 저축의 중요성을 굉장히 강조했다. 반에서 매달 저축을 많이 한 학생에게는 저축상도 줬다. 그때는 금리가 높았기에 저축만 꾸준히 많이 해도 부자가 될 수 있었다. 하지만 저축만으로 부자가 되는 시대는 지났다. 그럼에도 아직까지 저축에 목숨을 거는 이가 많다. 0.1% 더 높은 이자를 얻기 위해 이곳저곳을 기웃거린다. 상호저축은행, 신협, 축협 등 금리가 높은 상품은 출시와 함께 불티나게 팔린다.

하지만 냉정히 계산해보자. 0.1%가 아니라 1% 더 높은 금리를 받아도 여러분은 부자가 되지 못한다. 물가상승률과 화폐가치 하락을 금리가 이기진 못하기 때문이다. 예를 들어 1억 원을 연 3% 예금에 넣었다고 가정해보자. 1년 후 이자는 300만 원, 여기에 이자소득세(15.4%)를 빼면 실제 수령액은 253만 8천 원이다. 물가상 승률 3%를 적용하면 실질수익률은 거의 0%다.

반면 같은 1억 원으로 부동산 투자를 했다면 연 10% 상승 시 1천만 원 수익을 얻을 수 있다. 양도소득세와 이것저것을 다 떼도 예금을 웃도는 수익률이다.

세상에 공짜는 없다. 소득이 있는 곳에 반드시 세금이 있기 마련이다. 은행 이자에는 이자소득세가 무려 15.4%나 붙는다. 필자가 소액 부동산 투자를 하면서 평균적으로 10~20% 양도소득세를 내는 것을 감안하면 이자소득세가 결코 적지 않다. 그러나 사람들은 양도소득세에는 학을 떼면서 이자소득세에 대해서는 무감각하다. 왜냐하면 이자소득세는 애초에 은행에서 떼고 나오기 때문이다. 이것이 바로 은행의 교묘한 전략이다.

가난한 사람은 예적금에 몰두하고 부자는 부동산 쇼핑에 몰두한다. 똑같은 나이에 직장에 다니면서 월급을 모아 적금에 넣은 사람과 부동산 투자를 한 사람이 있다고 가정해보자. 당장에야 큰 차이가 없겠지만 5년, 10년 뒤에는 엄청난 차이를 보인다.

부자가 되기 위해 무작정 은행을 떠나란 말이 아니다. 단계적으로 접근해야 한다.

1단계: 비상금만 은행에 넣어두기(생활비 6개월분)

2단계: 투자를 공부하며 예적금으로 종잣돈 모으기

3단계: 소액 부동산 투자 시작(은행 떠나기)

4단계: 수익으로 투자 규모 확대

5단계: 완전한 경제적 자유

은행은 여러분의 돈을 빌려서 타인에게 대출해주고 그 차익(예대마진)으로 돈을 번다. 여러분은 왜 은행에 돈을 맡겨주고 푼돈의 이자를 받는가? 차라리 직접 부동산에 투자해서 은행이 버는 돈을 여러분이 벌어야 하지 않겠는가?

'요즘 시대에 저축이라도 하는 게 어디야?'라고 위안하지 말자. 어떤 일을 시작하든 자유지만 그 결과는 여러분의 몫이다. 은행을 떠나는 용기를 가져라. 그 용기가 여러분을 부자로 만들 것이다. 부자가 되고 싶다면 부자처럼 행동해야 한다. 부자는 은행에 돈을 맡기지 않는다. 은행에서 돈을 빌려서 부동산에 투자한다. 여러분도 지금부터 부자의 길을 따라가기 바란다.

요즘 세대가 꼭 알아야 할 부동산 투자 마인드

수년 전 동학개미운동이 전국에서 불 번지듯이 일어났다. MZ세대를 중심으로 애국심으로 똘똘 뭉친 전국의 개인 투자자가 국내 주식을 사기 시작했다. 국내 우량주 1주라도 보유하는 것이 마치 애국하는 일처럼 여겨지면서 2021년 주식거래활동 계좌 수가 처음으로 4천만 개를 돌파했다. 동학개미 운동이 일어난 후 수년이 흘렀다. 인플레이션으로 주식 시장의 열풍은 하루아침에 싸늘하게 식었다. '영끌·빚투'로 일확천금을 꿈꾼 MZ세대 동학개미의 도전도 각을 내렸다.

최근에도 비슷한 장면이 반복되고 있다. 금리 인하 기대가 커지고 자본시장 활성화 정책이 이어지는 가운데, 반도체 업황 회복 전망과 조선·방산·원전 산업의 수주 확대 기대가 맞물리며 투자 심리가 빠르게 달아올랐다. 그 결과 2025년 들어 코스피는 단기간에 가파른 상승세를 보였다. '자식보다 주식이 낫다'는 말이 회자될 만큼, 개인 투자자들의 뭉칫돈이 주식 시장으로 몰리는 분위기다. 그러나 열기와 달리 주변을 둘러보면 주식 투자로 의미 있는 자산 증식을 이뤘다는 사람을 찾아보기 쉽지 않다.

부동산은 세금과 규제로 인해 단기간 매매가 쉽지 않은 반면, 주식은 스마트폰만 있으면 언제 어디서든 즉시 사고팔 수 있다. 이 '편리함'은 장점이기도 하지만, 충분한 기준 없이 잦은 매매를 반복하게 만드는 요인이 되기도 한다. 그 결과 손실을 경험하고, 이를 만회하기 위해 다시 시장에 뛰어드는 악순환이 이어진다. 주식 투자의 실패 확률이 높아 보이는 이유는 상품의 문제가 아니라, 접근 방식과 투자구조에 있다.

특히 나이가 어릴수록 주식의 '즉시성'에 중독되기 쉽다. 매일 주식 시황을 확인하지 않으면 불안해지고, 증권 계좌에 하루에도 수십 번씩 접속하며 마음을 졸인다. 유튜브와 인스타그램에서 쏟아지는 투자 콘텐츠를 소비하고, 카카오톡 주식방에서 실시간으로 정보를 공유하며 감정에 휘둘린 투자를 하는 경우도 적지 않다.

주식은 내가 원하면 언제든 사고팔 수 있다는 점이 가장 큰 매력이지만, 동시에 그 편리함이 가장 큰 약점이 되기도 한다. 특히 디지털 환경에 익숙한 MZ세대에게는 이 즉각적인 반응 구조가 마음을 더욱 조급하게 만든다. 차라리 1년 동안은 팔 수 없다고 정해져 있다면 오히려 수익률이 높을지 모른다. 그런 점에서 주식 투자는 쉽지만 결코 만만히 볼 수 없는 대상이다.

펀드도 크게 다르지 않다. 20대 시절에는 중국·인도·브라질 등 신흥국에 투자하는 해외 펀드가 인기를 끌었고, 최근에는 ESG·메타버스 등 유행에 따라 대중의 관심을 반영한 테마형 펀드가 잇따라 등장했다. 그런데 펀드란 게 본질적으로 무엇인가? 특정한 투자 목적을 위해 모은 자금을 자산운용사가 대신 운용하는 금융상품이다. 운용 성과가 기대에 미치지 못하더라도 투자자가 직접 개입할 수 있는 여지는 거의 없다.

문제는 많은 투자자가 이 구조를 충분히 이해하지 못한 채 '전문가가 알아서 해주겠지' 하는 믿음만으로 펀드 투자에 나선다는 점이다. 특히 펀드의 보수구조나 운용 방식에 대한 이해가 부족한 상태에서 테마만 보고 투자할 경우, 기대와 달리 손실이 커질 가능성이 높다. 펀드는 결코 나쁜 금융상품이 아니지만 이해 없이 접근하면 위험한 금융상품임은 분명하다.

주식, 펀드보다
부동산인 이유

주식, 펀드보다 부동산 투자가 유리한 이유는 간단하다. 주변에 주식, 펀드로 떼돈 벌었다는 사람보다 부동산 투자로 큰돈을 만진 사람이 훨씬 많지 않은가? 학교나 직장에서 만난 선배들의 이야기를 들어보면 주식, 펀드로 자산가가 된 사람보다 아파트 한 채로 부자가 된 사람이 훨씬 많다. 또 반대로 아파트를 잘못 사서 망한 사람보다 주식, 펀드에 잘못 투자해서 길거리에 나앉은 사람이 훨씬 많다. 무엇보다 우리나라에 주식 안 하는 부자는 있어도 부동산 안 하는 부자는 드물다.

특히 젊을수록 인내심이 적고 평정심을 잃기 쉽기 때문에 더더욱 부동산에 투자해야 한다. 부동산은 세금 문제 때문에라도 강제로 장기 투자를 하게 된다. 실시간으로 일희일비하며 사고팔 수 없으니 실수할 일도 적다. 빠르고 즉각적인 보상을 선호하는 MZ세대의 마인드와 괴리감이 있지만, 이것이 오히려 성공의 비결이다.

부동산과 달리 주식, 펀드는 내가 직접 개입할 부분이 적다. 하지만 부동산은 내가 실사용을 할지, 전세를 놓을지 월세를 놓을지, 리모델링을 통해 자산의 가치를 높일지 등 적극적인 개입이 가능하다. 주도적이고 능동적인 성향을 가진 젊은 세대에게 적합한 투자처다. 특히 부동산은 당장 자본금이 부족해도 전세를 놓음으로써 2년 또는 4년의 시간을 벌 수 있다.

주식의 가치는 상장폐지로 '0'으로 수렴할 수 있지만 부동산은 건물과 토지가 남는다. 화폐가치 하락을 헤지(Hedge)하기 위해선 실물자산이 답이다. 주식은 사용가치가 없지만 부동산은 사용가치(임대, 거주)가 있기 때문이다.

아직 젊고 자본금이 적다면 더더욱 부동산 투자를 선택하길 바란다. 부동산 투자를 통해 주거 안정성을 높이고, 소액 부동산 투자로 차근차근 자산을 모으기 바란다. 근로소득이 아닌 임대소득과 시세차익을 남길 수 있는 부동산 투자야말로 젊은 세대에게 있어 최고의 투자 수단이다. 부동산 투자자는 전세 주기인 2년마다 두둑한 목돈을 얻을 수 있다. 그 돈을 당장 급한 생활비로 써도 되고, 아니면 또 다른 투자처에 투입해 재산을 불려도 좋다. 이는 요즘 세대가 추구하는 '워라밸'과도 잘 맞는다.

만일 그럼에도 주식 투자를 포기하지 못하겠다면 부동산 투자와 꼭 병행하길 바란다. 그리고 되도록 미국주식에 투자하기 바란다. 전 세계 주식 시장에서 가장 큰 비중을 차지하는 건 미국 시장이기 때문이다. 한국주식 시장의 비중은 글로벌 시장의 2%에 불과하다. 실제로 코스피와 코스닥 전체 시가총액보다 애플의 시가총액이 더 높다. 그만큼 전 세계 증권 시장의 큰 흐름을 미국주식이 만들고 있다. 젊은 세대는 글로벌 감각이 뛰어나므로 미국주식 투자에도 유리하다. 미국주식에 투자하면 수익률과 성장률 두 마리 토끼를 잡을 수 있다.

정책이 바뀌어도 기차는 달린다

우리나라는 5년 단임제의 대통령제다. 5년마다 대통령이 바뀐다. 당연히 정권에 따라 부동산 정책도 바뀐다. 대통령 후보의 부동산 정책 공약에 따라 앞으로의 5년이 결정된다. 2025년 21대 대통령으로 이재명 대통령이 당선되었고, 2026년을 겨냥한 여러 부동산 정책이 쏟아졌다.

이재명 정부는 6·27 대책을 통해 수도권 주택담보대출 한도를 6억 원으로 제한했다. 이 대책은 이재명 정부의 첫 부동산 대책으로, 초고강도 대출 규제에 초점을 맞춘 금융 중심의 대책이라는 평가를 받고 있다. 소득이나 주택 가격과 무관하게 적용되는 전례 없는 규제로, 대출을 통한 고가 주택 매입을 차단하는 것이 주요 목적이다.

주요 내용은 이렇다. 첫째, 금융사가 수도권·규제지역 내에서 취급하는 주택구입목적 주담대의 최대한도를 6억 원으로 제한한다. 둘째, 수도권·규제지역에 집을 2채 이상 갖고 있는 사람은 추가 주택을 살 때 주담대를 아예 받지 못한다. 셋째, 생애최초 주택 구입 조건을 강화한다. 수도권·규제지역 내 생애최초 주택 구입 목적 주담대의 LTV를 80%에서 70%로 강화하고, 6개월 이내 전입 의무를 부과한다. 넷째, 실거주 의무를 강화한다. 수도권·규제지역 내 주택 구입 시 주담대를 받은 경우 6개월 이내 전입의무를 부과한다. 다섯째, 가계대출 총량 관리를 강화한다. 금융권 자체 대출(시중은행 주담대)은 2025년 7월부터 당초 계획 대비 50%로 감축되며 정책대출은 연간 공급계획 대비 25% 감축된다.

이번 6·27 대책은 몇 가지 중요한 의미를 가진다. 부동산을 투자 수단에서 주거 수단으로 전환시키려는 정부의 강력한 의지를 보여주는 동시에, 앞으로의 부동산 정책 방향을 예측할 수 있는 중요한 신호로 평가된다. 그러나 고강도 대책에도 집값은 좀처럼 잡히지 않았다. 이후 135만 호를 공급하겠다는 9·7 대책이 발표되었지만 구체적인 착공·분양 로드맵 부재로 시장 불안이 커지면서 서울 아파트 가격은 상승세를 이어갔다. 상승 흐름세가 꺾이지 않자 정부는 규제 강도를 보강한 10·15 대책을 내놓았다. 10·15 대책의 가장 큰 변화는 주담대의 한계다. 15억 원 이하 주택은 6억 원(기존과 동일), 15억 원 초과 25억 원 이하 주택은 4억 원, 25억 원 초과 주택은 최대 2억 원으로 대출금 한도를 차등해서 묶었다.

이처럼 출범 첫 해 고강도 규제책을 쏟아냈지만 그럼에도 서울 아파트 값은 8.71%라는 높은 상승률을 기록했다. 여러분이 부동산 투자자라면 정부의 부동산 정책에 너무 일희일비할 필요가 없다. 부화뇌동해서 집을 샀다가 팔았다가 서두를 필요가 없다는 뜻이다.

새 정부 들어 불확실성이 높아지고 있지만 이럴 때일수록 냉정한 판단이 필요하다.

만약 지금이 부동산 가격이 상승하는 시점이라면 곧 정부는 부동산 규제 정책을 발표할 것이다. 반대로 부동산 가격이 하락하는 시점이라면 곧 정부는 부동산 규제를 완화하고 시장 친화적인 자세를 보일 것이다. 굉장히 간단한 이치다.

정부 정책은 언제나 시장을 반영한다. 특히 2026년에는 정책 변화를 고려해 유연한 투자 전략이 필요하다.

정부 정책에
부화뇌동 말라

세상에는 돈을 많이 버는 사람, 돈을 적게 버는 사람, 그리고 돈을 못 버는 사람 세 분류의 사람이 있다고 생각한다. 돈을 적게 버는 사람은 남들과 같이 생각하고 남들처럼 행동하기 때문에 적게 번다. 반면 돈을 많이 버는 사람은 남들이 가지고 있지 않은 자신만의 무기가 있다.

대부분의 투자자가 정부 정책 발표에 따라 우왕좌왕한다. 하지만 돈을 많이 버는 투자자는 정책과 상관없이 자신만의 기준을 가지고 있다. 여러분은 돈 버는 기술이 있는가? 임대차로 월세를 받을 것인가, 매매를 통해 시세차익을 누릴 것인가? 이를 선택하는 자신만의 기준이 있는가? 기준이 없다면 돈을 많이 벌 수 없다. 부자들은 정부의 규제책이 시작되면 바빠지기 시작한다. 투자할 시기가 왔다고 생각하기 때문이다.

2026년처럼 정책적 불확실성이 큰 시기에는 특히 이러한 기준이 더욱 중요해진다. 이럴 때 많은 투자자에게 유효한 선택지 중 하나가 바로 임대차를 통해 수익을 얻는 전략이다. 월세 수익은 매매차익에 비해 정책 변화에 덜 민감하고, 매달 안정적인 현금흐름을 만들어준다는 장점이 있다. 급작스러운 규제나 시장 변동이 발생하더라도 현금을 확보하고 있는 투자자는 대응이 훨씬 수월하다. 또한 월세 소득은 종합소득세 대상이지만 필요경비를 공제받을 수 있어 세 부담이 덜하고, 전세에 비해 임차인 관리도 상대적으로 수월하다는 현실적인 이점이 있다.

반면 매매를 통해 시세차익을 노리는 전략이 빛을 발하는 시점도 분명히 존재한다. 인플레이션 국면에서는 실물자산이 자산가치를 방어해주는 역할을 한다. 특히 저금리 환경에서는 대출을 활용한 레버리지 효과를 극대화할 수 있으며, 정책 변화에 일희일비하지 않고 장기적인 관점에서 접근한다면 시간은 결국 자산의 편이 된다. 여기에 재개발·재건축과 같은 도시정비사업이 더해질 경우 한 번의 선택이 인생의 흐름을 바꾸는 기회가 되기도 한다.

중요한 것은 어떤 전략이 더 좋으냐가 아니다. 지금의 시장과 나의 상황에서 어떤 전략이 더 적합한지를 판단할 수 있는 기준을 가지고 있느냐가 성과를 가른다.

개인적으로 필자가 제안하는 최적의 전략은 월세와 시세차익 두 마리 토끼를 노리는 '하이브리드 전략'이다

안전자산: 전체 투자금의 60%는 임대차용 부동산으로 안정적 현금흐름 확보

성장자산: 40%는 매매를 통한 시세차익 추구

기회자산: 이 밖에 미분양 아파트 등 특수물건 탐색

정부가 강력한 부동산 규제책을 내놓으며 고삐를 죌 때 오히려 기회가 열리는 경우가 많다. 대부분의 사람은 규제가 시작되면 겁을 먹고 관망하지만, 많은 돈을 버는 투자자는 이때부터 시장을 면밀히 관찰하며 틈새를 찾는다. 규제는 시장 전체를 막는 것이 아니라, 돈을 움직일 수 있는 길을 바꿔놓을 뿐이기 때문이다.

실제로 문재인 정권 당시 강도 높은 다주택 규제가 이어졌지만, 이를 피해 법인을 설립해 투자한 사람들은 상대적으로 자유로운 취득과 보유 전략을 활용해 큰 수익을 남겼다. 개인에게 불리하게 설계된 규제 환경에서도 구조를 달리한 투자자들은 오히려 기회를 선점한 셈이다. 같은 시기 전세 규제가 강화되자 월세·반전세 시장으로 빠르게 갈아탄 투자자들도 안정적인 현금흐름을 확보했다. 또한 조정대상지역과 비조정대상지역 간 규제 차이를 활용해 비규제지역의 중소형 주택이나 지방 핵심지를 선점한 사례도 적지 않았다.

결국 규제 국면에서의 핵심은 '사지 말라'는 신호를 곧이곧대로 받아들이는 것이 아니라 어디를, 어떤 방식으로 막았는지를 읽어내는 데 있다. 규제가 시작되면 시장은 위축되지만 동시에 새로운 길은 반드시 생긴다. 그 길을 먼저 발견하는 사람이 수익을 가

저간다.

개인적으로 2026년에는 미분양 아파트에서 기회를 찾을 수 있다고 본다. 고분양가로 인해 미분양이 늘어나고 있는 지금이 오히려 기회다. 늘 전국의 미분양 아파트를 검색하고 괜찮은 지역에 있는 물건은 직접 현장을 둘러보기 바란다. 미분양 아파트는 미분양된 이유가 반드시 있다. 2026년 수도권과 지방의 양극화, 지방 5대 광역시 안에서의 양극화, 고분양가, 입주물량, 중도금 대출, 입지, 브랜드, 분양 시기 등 여러 요소를 종합적으로 살펴보기 바란다.

가격이 떨어진 이유가 무엇이든 시간만 내 편으로 만들면 가격은 반드시 오르게 되어 있다. 전국적으로 입주물량이 줄어들고 있고, 저금리 시대가 도래하고 있다. 물가가 오르는데 실물자산의 가치가 오르지 않을 이유가 없다. 잘 고른 미분양 아파트 하나, 열 아파트 안 부럽다.

투자 가치가 높은 미분양 아파트를 찾기 위해선 다음의 조건을 살펴야 한다.

첫째, 역세권 여부다. GTX나 지하철 연장 계획이 있는 지역의 미분양 아파트를 주목해야 한다. 아파트에서 걸어서 지하철까지 최소 10분 안에 도착해야 한다. 둘째, 분양가가 착한 물건이다. 주변 신축 아파트보다 분양가가 저렴하거나 비슷한 물건은 입주 시

가격이 폭등할 가능성이 크다. 셋째, 입주 시점에 주변 공급물량이 적은 곳에 투자해야 한다. 아파트 가격은 수요와 공급에 의해서 가격이 결정된다. 수요는 큰 변화가 없는데 공급이 부족하다면 가격은 가파르게 상승할 것이다. 넷째, '전세가=분양가' 여부다. 정책적 불확실성 속에서도 전세가와 분양가가 비슷한 물건은 안전하다. 예를 들어 아파트 분양가가 5억 원이고 전세가가 4억 5천만 원이라면 계약금 10% 외에 추가 비용이 발생하지 않는다.

부동산 가격은 정부의 정책에 의해서 결정되지 않는다. 정부의 정책이 부동산 투자심리에 어느 정도 영향을 미치는 것은 맞지만 절대적으로 부동산 가격을 결정하지는 못한다. 부동산은 필수 재화이기 때문에 수요와 공급에 의해서 가격이 결정된다. 2026년 부동산 시장도 예외는 아니다. 이 원칙은 변하지 않는다. 어디든 수요가 많고 공급이 적은 곳에 투자하면 성공할 수 있다. 핵심은 수요와 공급이다. 정치적 변수에 흔들리지 말고, 기본에 충실한 투자를 하자.

100세 시대에 대비하라

"인생은 짧고 예술은 길다."

의학의 아버지 히포크라테스의 명언이다. 하지만 이제 이 말을 바꿔야 할 때가 왔다. "인생도 길고 부동산 투자도 길다"고 말이다. 100세 시대라는 말에 누구나 공감할 것이다. 우리는 비록 100세까지 살지 못하더라도 적어도 우리 자식 세대는 충분히 100세까지 살 것이다. 지금도 장례식장에 가면 90세 넘으신 분이 많다. 100세 이상도 가끔씩 볼 수 있다.

1970년생은 특별히 큰 병이 없는 한 최소한 90대까지는 살 것이다. 더 중요한 것은 1980~1990년대생이다. 이들은 100세까지 사는 것이 보편적일 가능성이 높다. 필자가 수명을 언급하는 이유는 우리의 인생이 짧지 않다는 말을 하기 위해서다. 은퇴를 60세에는 하니까 은퇴 후 직업 없이 최소 30~40년을 살아야 한다. 이마저도 긍정적으로 생각해야 60세지 실제로 우리가 체감하는 퇴직연령은 60세보다 훨씬 더 빠르다. 특히 AI 시대에는 더욱 그렇다.

우리나라는 OECD 국가 중 노인빈곤율, 노인자살률 1위를 기록하고 있다. 단순히 지금의 통계가 아니라 우리 모두의 미래일 수 있다. 국가데이터처가 발표한 '한국의 사회동향 2025'에 따르면 우리나라 66세 이상 노인의 소득빈곤율(중위소득 50% 미만인 비율)은 39.7%다. OECD 평균(14.8%)의 약 3배에 달하는 수치로 OECD 회원국 중 가장 높다. 문제는 빈곤이 높은 자살률로 이어진다는 점이다. 인구 10만 명당 자살률은 2021년 기준 42.2명으로 OECD 국가(평균 17.2명) 중에서도 압도적인 1위다.

단순히 가난의 문제가 아니라 존엄의 문제다. 부동산 없이는 노후의 존엄도 지킬 수 없다. 여러분은 은퇴 후 수십 년을 살기 위해 무엇을 준비했는가? 국민연금만으로는 부족하다. 은퇴 후 일하지 않고 여유롭게 사는 삶을 꿈꾼다면 보다 일찍 노후를 대비해야 한다.

2021년 국민연금연구원의 조사에 따르면 특별한 질병이 없는 50대 이상이 필요한 한 달 생활비는 부부 기준 평균 월 277만 원, 개인 기준 월 177만 원인 것으로 나타났다. 하지만 이는 2021년 기준이고, 물가 상승과 의료비 증가를 고려하면 현재는 훨씬 더 많은 돈이 필요할 것이다. 우리가 퇴직할 땐 화폐가치가 더 떨어질 테니 생활비를 부부 기준 월 400만 원으로 넉넉히 잡아서 계산해보자. 그럼 1년이면 4,800만 원, 10년이면 4억 8천만 원, 40년이면 19억 2천만 원이 필요하다는 소리다. 100세 시대에는 은퇴 후 최소 생활비로 현금 20억 원이 필요하다는 결론이 나온다.

그럼 국민연금 평균 수령액은 어떨까? 2023년 국민연금의 월 평균 수령액은 약 65만 원이었다. 턱없이 부족하다. 월 400만 원이 필요한데 65만 원밖에 나오지 않는다면 나머지 335만 원은 어디서 조달해야 할까?

은퇴 후 40년,
부동산이 일하게 하라

잡코리아, 알바몬이 30~40대 남녀 직장인 2,385명을 대상으로 노후 준비 현황에 관한 설문조사를 실시했다. 결과는 충격적이었다.

‘현재 노후 준비를 잘하고 있다고 생각하는가?’라는 질문에 긍정적으로 응답한 직장인은 25.9%에 불과했다. 나머지 74.1%는 못하고 있다고 답했다.

문제는 대부분 노후에 대해 불안감을 느끼지만 그렇다고 당장 노후 준비를 따로 할 여유가 없다는 데 있다. 결국 100세 시대를 살아가기 위해서는 평생 현역이 되어 일하거나, 우리나라가 갑자기 더 특이점을 맞이해 100세까지 책임져주는 나라가 되는 수밖에 없다. 둘 다 현실성 없는 이야기다.

젊은 지금에야 평생 현역처럼 일할 수 있을 것 같은 착각이 들지만 막상 고령이 되면 일자리 구하기가 만만치 않다. 특히 AI 시대에는 더욱 그렇다. 65세가 넘어서 AI와 경쟁해서 일자리를 구할 수 있을까? 행복한 노후를 맞이할 수 있는 현실적인 방법은 결국 부동산에 있다. 부동산 투자를 통해 100세 시대를 대비하라고 강조하고 싶다.

누누이 부동산 투자가 중요하다고 강조하는 이유는 이렇다.

1. 정년이 없다.

2. 은퇴 후를 대비해, 직장에 다니면서도 투자할 수 있다.

3. 은퇴 후 전업 투자자가 가능하다.

4. 공동 투자가 가능하다.

5. 학습 지원 체계가 탄탄하다. 부동산 투자 관련 학원이나 컨설팅
   의 도움을 받을 수 있다.

6. 적은 빈도의 투자로 큰 효과를 볼 수 있다. 1년에 1~2번만 잘 실
   행해도 평생 현역으로 살 수 있다.

7. 부동산 투자자만큼 노인에게 좋은 직업은 없다. 70~80세가 되
   어도 임대수입은 계속 들어온다. 더 이상 체력이 허락하지 않으
   면 관리회사에 맡기면 된다.

무엇이든 처음부터 완벽할 수는 없다. 부동산 투자도 일단 저질러야 수습을 하면서 배울 수 있다. 실패에 대한 두려움이 너무 큰 나머지 실천으로 옮기지 못하면 100세 시대를 버틸 수 없다. 노후 준비를 잘한 사람은 은퇴 후의 삶이 축복이지만, 그렇지 못한 사람은 비참한 지옥이 될 수 있다. 100세 시대에는 이 격차가 더욱 벌어진다. 40년이라는 긴 노후를 버틸 수 있는 원동력은 부동산뿐이다.

지금부터라도 용기를 내기 바란다. 100세 시대, 부동산 없이는 건강한 노후도 없다. 100세까지의 삶을 책임질 수 있는 것은 부동산뿐이다.

연봉 4천만 원
직장인의 투자 전략

사람인의 '2024년 신입사원 연봉 현황' 조사에 따르면 우리나라 중소기업의 대졸 신입사원 평균 연봉은 3,200만 원(세전 기본급 기준)을 넘어섰다. 물가 상승과 최저임금 인상의 영향으로 2022년 대비 약 300만 원 증가한 수치다. 이에 비해 대기업 대졸 신입사원 평균 연봉은 5,800만 원에 달한다. 취업자 중 90% 이상이 중소기업에서 일하니 현실적인 대졸 초임 연봉은 세후 대략 4천만 원 수준이란 뜻이다. 연봉 4천만 원이면 실수령액은 월 330만 원(세전) 정도다.

만일 여러분이 한 달 330만 원을 번다면 반드시 다음의 4가지 원칙을 지키기 바란다. 고용 불안정성이 높아진 지금, 이 원칙들은 더욱 중요해졌다.

첫째, 절대 신차를 사지 말아야 한다. 자동차를 산다는 건 부채 덩어리를 사는 것과 같다. 특히 최근 자동차 가격은 상당히 올랐다. 경차조차도 1,500만 원을 넘는 상황이다. 목돈 없는 여러분이 신차를 살 수 있는 현실적인 방법은 금리가 높은 대출을 활용하는 것뿐이다.

2026년 1월 기준 자동차 할부 금리는 연 7~10%에 달한다. 장기 할부의 경우 매달 60만 원에서 120만 원 정도의 돈을 36개월 또는 60개월간 납부해야 한다. 월급 330만 원에서 자동차 할부로 100만 원을 내면 남는 돈은 230만 원뿐이다. 여기에 보험료, 유지비, 주차비까지 고려하면 월 150만 원 이상이 자동차에 들어간다. 자동차는 시간이 지나면 감가상각되기 때문에 여러분이 열심히 번 돈은 연기처럼 날아간다. 3년 후 중고차로 팔 때는 신차 가격의 50~60%밖에 받지 못한다. 결국 수백만 원을 날리는 셈이다.

사회초년생이 재테크에 실패하는 가장 큰 이유는 '돈 먹는 하마'인 자동차를 쉽게 구매하기 때문이다. 젊은 시절에는 조금 불편하게 살아도 어려움이 없다. 우리나라처럼 대중교통이 전국 곳곳에 잘되어 있는 곳도 없다. 카셰어링, 렌터카 등 필요할 때만 이용할 수 있는 서비스도 많다.

둘째, 월급의 최소 50%는 저축해야 한다. 예를 들어 실수령액이 330만 원이라면 매달 165만 원은 저축해야 한다. 좀 더 비율을 높이면 좋지만 50%도 충분히 높은 저축률이다. 종잣돈을 모을 때는 주식이나 펀드에 투자하기보다는 안전한 예적금을 활용해야 한다. 2026년 들어 금리가 인하되고 있는 상황이지만 그래도 종잣돈만큼은 안전하게 모아야 한다. 간혹 종잣돈이 채 모이기도 전에 주식, 암호화폐 등에 손을 대는 경우가 있는데 손실을 보면 시작부터 힘이 빠지면서 원동력을 잃게 된다.

종잣돈 모으기는 눈물 젖은 빵을 먹는 것과 같다. 월급에서 50%를 저축하는 것은 생각보다 쉬운 일이 아니다. 사고 싶은 명품도 참고, 먹고 싶은 음식도 참아야 한다. 젊을수록 소비 욕구가 강한 편이라 더욱 어렵다. 하지만 인내의 고통은 쓰지만 열매는 달다. 1년 후 종잣돈이 쌓이면 자신감이 솟아나고 부동산 투자를 시작할 수 있는 기회의 문이 열린다. 165만 원씩 1년간 모으면 1,980만 원, 2년간 모으면 3,960만 원이 된다. 이 정도면 소액 부동산 투자를 시작하기에 충분하다.

셋째, 맞춤형 부동산 공부를 해야 한다 종잣돈을 모으는 1년 또는 2년의 기간 동안 돈만 모으는 것이 아니라 부동산 공부를 해야 한다. 다음과 같이 공부하기 좋은 다양한 채널과 툴이 있다.

1. AI 도구: 챗GPT, 클로드 등

2. 빅데이터 자료: 공공데이터포털(www.data.go.kr) 부동산 통계

3. 유튜브 강의 영상: 질 좋은 무료 강의 활용

4. 온라인 커뮤니티: 네이버 카페, 디스코드 등

5. 부동산 앱: 직방, 다방, 네이버페이 부동산 등의 데이터 분석 기능

6. 임장 도구: 구글 스트리트 뷰, 네이버지도 등

넷째, 종잣돈이 준비되면 소액 부동산 투자를 바로 시작해야 한다. 지역과 평형을 잘 고르면 1천만~2천만 원으로도 충분히 투자할 수 있다. 특히 지방 소형 아파트나 오피스텔은 접근성이 높다.

경쟁력 있는 소액 부동산은 부동산 경기와 금리, 정부 정책의 영향을 덜 받는다. 애초에 매매가 규모가 적기 때문에 투자 타이밍에 너무 신경 쓸 필요가 없다. 오히려 하루라도 빨리 부동산 투자를 통해 화폐가치 하락을 헤지하는 편이 낫다.

필자 주변에도 열심히 종잣돈은 모았는데 막상 부동산 투자는 망설이는 경우가 꽤 많다. 처음 무일푼에서 종잣돈을 모을 때의 절박함은 어느새 사라지고, 막상 목돈이 생기면 이 돈을 잃지 말겠다는 보수적인 태도로 변한다. 투자에서의 실패가 아무것도 하지 않는 것보다 낫다고 생각한다. 진짜 실패는 손실이 아니라, 두려움 때문에 시장 밖에 머무르는 것이다. 생각을 바꿔야 한다. 종

잣돈을 모은 이유는 무엇인가? 결국 투자를 하기 위해서다.

연봉 4천만 원 시대에는 더욱 전략적인 접근이 필요하다. 과거처럼 무작정 열심히 일해 연봉을 올리는 방식만으로는 한계가 분명하다. 이제는 AI가 대체하기 어려운 '자산'을 만들어내는 구조를 갖추는 것이 필수불가결인 시대다. 앞서 여러 차례 강조했듯이 부동산 투자가 부자가 되는 가장 빠르고 현실적인 방법이라고 생각한다.

부동산 투자는 오늘 투자해 내일 수익을 실현하는 단기 매매와는 다르다. 반드시 시간이 필요하고, 가격이 움직이는 상승 국면을 거쳐야 한다. 그런데 우리는 그 시간을 마냥 기다릴 여유가 없다. 10년, 20년을 허비하기엔 세상이 너무 빨리 변한다. 그래서 더 늦기 전에 시작해야 한다. 근시안적인 사고에서 벗어나 긴 안목을 갖되, 실행만큼은 누구보다 빠르게 해야 한다.

새로운 소액 부동산 투자공식 2.0은 단순히 부동산을 사고 파는 것을 넘어서, 체계적인 분석과 전략적 접근을 통해 종잣돈 500만~1천만 원으로도 시작할 수 있는 현실적인 부의 증식 방법이다.

2장

소액으로 시작하는 부동산 투자공식

소액 부동산 투자공식 2.0

부자가 되기 위해서는 투자를 해야 한다. 투자 없이 부자가 된 사람은 없다. 요즘 시대에 직장에서 주는 월급만으로는 부자가 될 수 없다. 월급을 아껴 종잣돈을 모아 부동산에 투자해야 한다. 처음부터 상가나 토지처럼 규모가 큰 투자는 할 수 없다. 설사 그런 여력이 있다 하더라도 부린이가 상가나 토지에 섣불리 투자하는 일은 결코 권하지 않는다. 상가나 토지는 어느 정도 투자 경험과 내공이 있는 고수도 어려워하는 영역이다. 똘똘한 한 채도 마찬가지다. 똘똘하다는 소리를 들으려면 적어도 수억 원에서 수십억 원의 돈이 필요하다.

여러분이 부자가 되기 위해 지금 당장 시작할 수 있는 현실적인 방법은 결국 소액 부동산 투자다. 소액 부동산 투자는 종잣돈 500만~1천만 원 수준에서도 충분히 출발할 수 있다. 소액 부동산 투자를 시작하기로 마음먹었다면, 이제부터 소개할 4가지 투자공식을 반드시 기억하길 바란다.

이 챕터의 제목을 단순히 '소액 부동산 투자공식'이 아니라 '소액 부동산 투자공식 2.0'이라고 붙인 이유가 여기에 있다. 과거의 투자공식이 통하지 않는 시대가 되었기 때문이다. 금리 환경, 정책 변화, 투자자의 자금 규모와 정보 접근 방식까지 모두 달라진 오늘날의 투자환경을 반영해 기존의 공식을 보완하고 현실에 맞게 업그레이드한 것이 바로 '2.0'이다.

4가지 핵심
투자공식

소액 부동산 투자공식은 차례대로 '가격 분석→저가 매입→리모델링→매매' 순이다. 하나씩 알아보자.

첫째, 가격 분석이다. 스마트폰 부동산 앱을 통해 투자할 물건의 가격과 흐름을 분석해야 한다. 가격 분석을 하는 목적은 주변 부동산 가격과 비교함으로써 적정가를 산출하는 데 있다. 특히 아파트의 경우 입지와 브랜드, 세대수에 따라 가격이 천차만별이기에 가격 분석을 철저히 해야 한다.

아실, 호갱노노 등을 통해 최근 아파트 실거래가와 최고가, 최저가 등향을 파악하고, 지역별 실거래가를 비교해야 한다. 바닥권에 대한 판단 기준은 단순하다. 최고가 대비 30~40% 하락한 시점이 바닥일 확률이 높다. 더불어 학군과 매도 시점의 입주물량 파악도 필수다.

부동산이 바닥을 찍었다는 신호로는 여러 가지가 있는데, 그중 가장 정확한 방법은 전세가격을 살펴보는 것이다. 아파트 가격이 바닥을 찍고 올라가기 전에 반드시 전세가부터 움직인다는 것을 잊지 말자.

둘째, 저가 매입이다. 투자에 성공하는 가장 쉬운 방법은 싸게 사서 비싸게 파는 것이다. 항상 타이밍이 중요한데 일단 싸게 사는 것이 중요하다. 싸게 사기 위해서는 부동산 시장의 흐름을 잘 파악해야 한다. 부동산이 하락하는 시기에 투자하는 것이 핵심이다. 다시 말해 시장이 공포에 사로잡혀 있을 때가 기회다. 대부분의 부린이는 가격 상승 시점에 '영끌' 투자를 한다. 남들이 부동산으로 돈을 많이 벌었다는 이야기를 듣고 시장에 진입하면 끝물일 가능성이 높다. 언제나 꾸준히 기회는 찾아왔다. 1997년 IMF 외환위기 때가 그러했고, 2008년 글로벌 금융위기, 2022년 미국발 금리 인상기 때가 그러했다. 이때 일부 부동산 가격은 최고가 대비 30~50%까지 떨어졌다. 저가에 매입하면 싸게 샀기 때문에 본전에 팔아도 손해를 보지 않는다.

저가를 판단하는 기준은 간단하다. 일단 투자하려는 아파트의 최고가 대비 현재 가격을 파악한다. 그리고 주변 아파트 시세를 파악한다. 이때 주변 아파트는 투자하려는 아파트와 조건이 비슷한 것을 택한다. 예를 들면 역세권, 브랜드, 세대수, 연식 등이 비슷한 아파트끼리 비교해야 의미가 있다. 투자하려는 아파트가 최고가 대비 20~30% 정도 빠져 있거나 주변 아파트 시세 대비 매매가가 낮다면 투자를 고려해야 한다.

셋째, 리모델링이다. 소액 부동산 투자는 비싼 신축 아파트가 아닌 보통 20년 이상 된 구축 아파트일 가능성이 높다. 투자로 돈을 벌기 위해서는 리모델링 작업을 거쳐야 한다. 오래된 물건을 새것으로 고쳐서 임대를 주고 추후 매매를 유도해야 한다. 효과적인 리모델링 우선순위는 다음과 같다.

1. 화장실 완전 수리(최우선)
2. 도배와 장판(기본)

3. 싱크대 교체(필요시)

4. 도색(마무리)

리모델링 시 팁을 주자면 한 업자에게 일괄 의뢰하지 말고 각 분야별 전문가에게 분업해서 일을 맡기는 편이 낫다. 도배, 장판, 화장실, 싱크대, 도색 등 각 분야 전문가의 연락처를 알아두고 그때그때 일을 맡기는 것이다. 리모델링은 최소 비용으로 최대 효과를 내는 것이 핵심이다. 너무 과하게 비용을 들일 필요는 없다.

마지막으로 넷째, 매매다. 매매 타이밍을 잘 맞춰서 매도해야 한다. 부동산으로 돈을 벌기 위해서는 결국 비싸게 잘 파는 수밖에 없다. 얼마에 파느냐에 따라 수익률이 결정되기 때문이다.

성공적인 매도를 위해서는 다음의 3가지를 주의해야 한다.

1. 최고가에 팔겠다는 욕심을 버린다.

2. 매수하는 사람도 수익이 있어야 한다는 역지사지의 마음을 갖는다.

3. 조금 싸게 팔더라도, 보다 빨리 다른 물건에 재투자하는 것이 유리하다.

고수들의 매매 원칙은 단순하다. 남들보다 한발 빨리 사고, 한발 빨리 파는 것이다. 한 템포 빠르게 움직여야 좋은 가격에 거래할 수 있다. 모두가 바닥이라고 느끼는 지점에서 최저가로 사고, 꼭짓점에서 파는 일은 인간의 영역이 아니다. 중요한 것은 완벽한 타이밍이 아니라 남들보다 조금이라도 앞서 움직이는 판단력과 실행력이다.

부동산 가격은 항상 오르지도 않고, 계속해서 하락하기만 하지도 않는다. 상승하다 보면 반드시 쉬어가는 구간이 나타나고, 하락이 이어지더라도 일정 기간이 지나면 상승 국면으로 전환된다. 이것이 부동산 시장의 순환 법칙이다. 역사를 살펴보면 이 흐름은 더욱 분명해진다. 1997년 IMF 외환위기 당시 급락했던 부동산 시장은 약 2년 뒤 반등에 성공했고, 2008년 글로벌 금융위기 이후에도 비슷한 기간을 거쳐 다시 상승 국면으로 돌아섰다. 최근에도 미국의 기준금리 인상으로 잠시 시장이 위축되었지만 물가가 안정되고 금리 인하가 본격화되면 다시 한번 반등이 찾아올 가능성이 높다.

늘 그렇듯 부동산 상승장이 다시 시작되고 나서야 사람들은 그 시기가 바닥이었다는 사실을 뒤늦게 깨닫는다. 역사는 반복되고, 부동산 가격 역시 상승과 하락을 거듭하면서 결국 우상향했다. 수많은 데이터와 시간이 증명해온 사실이다. 괜한 두려움으로 흐름을 의심할 필요는 없다.

이 책에서 제시하는 소액 부동산 투자공식 2.0은 단순히 부동산을 사고파는 기술을 말하는 것이 아니다. 시장의 흐름을 이해하고, 체계적인 분석과 전략적 접근을 통해 종잣돈 500만~1천만 원으로도 현실적인 부의 증식을 가능하게 하는 방법이다. 성공의 핵심은 네 단계로 구성된 투자공식을 흔들림 없이 실행하고, 시장 사이클을 올바르게 이해하며, 남들과 반대로 움직일 수 있는 인내심을 갖는 데 있다.

대기업 김 대리 vs. 중소기업 이 사원

앞서 하루라도 빨리 부동산 투자를 시작해 돈이 돌게 하라고 강조한 바 있다. 부동산 투자도 시간이 필요하다. 오늘 산다고 내일 바로 오르는 것이 아니다. 예전에는 직장에 다니면서 가장 보람 있는 일이 승진을 해서 대리, 과장, 부장이 되는 것이었다. 승진하면 큰 보람과 명예가 따라왔다. 직책이 곧 그 사람의 명함이자 사회적 신분이었다. 그러나 지금은 회사가 여러분의 정년을 보장해주지 않는다. 내일 당장 권고사직을 권유해도 이상하지 않은 사회다.

회사에 다니면서 부동산 투자를 병행하지 않으면 회사에 구속

되어 살게 된다. 신입사원이 회사에 들어오면 보통 두 부류로 나
뉜다. 하나는 자동차부터 계약하는 사람, 두 번째는 투자를 위해
종잣돈을 모으는 사람이다. 비록 처음에는 자동차를 산 사람이 편
하고 덧있어 보이지만 시간이 지나면서 두 사람의 차이는 크게 벌
어진다.

당신은 김 대리인가,
이 사원인가?

김 대리는 대기업에 다니고 있다. 또래보다 연봉도 높고 미래도
창창해 보인다. 반면 중소기업에 입사한 이 사원은 또래보다 적은
월급을 받고 있다. 대기업 김 대리는 그동안 모은 돈과 대출을 이
용해 새 차를 뽑았다. 요즘 출근길이 행복하다. 차에서 내릴 때 자
신감이 넘친다. 동료 사원들에게 새 차를 뽑은 기념으로 크게 한
턱도 냈다. 매달 날아오는 자동차 할부, 보험료, 기름값 등 유지비
가 만만치 않지만 그래도 연봉이 높으니 별 문제 없어 보인다.

차를 사면 돈 쓸 일이 한두가 지가 아니다. 사소하게는 차 안에
둘 액세서리도 사야 하고, 매달 기름값도 만만치 않다. 차를 사자
카드값이 많이 나왔다. 차를 사기 전에는 저축도 제법 했는데 신

차를 뽑으니 저축을 할 수가 없다. 그러나 신차를 뽑았다는 뿌듯함에 이 모든 희생을 감수하고도 행복했다. 주변에서도 성공했다는 이야기를 하니 기분이 좋아지고 우쭐해진다.

인과응보라는 말이 있다. 돈은 쓰면 갚아야 하고, 모으면 쌓이기 마련이다. 김 대리는 자동차를 사면서 생활수준은 높아졌지만 그로 인해 씀씀이는 훨씬 커졌다. 저축은커녕 오히려 마이너스 대출을 받아야 되는 달도 생겼다. 기름값을 아끼고자 자동차를 타지 않고 출근하는 날이 부쩍 늘었고, 소비를 최대한 줄이고자 노력했다.

사회생활의 출발점은 첫 직장을 구하는 것에서부터 시작된다. 직장을 구하고 처음 받는 월급으로 무엇을 하느냐에 따라 미래가 바뀐다. 최선의 선택은 종잣돈을 모으는 것이다. 월급의 60% 이상 강제로 적금을 들어서 종잣돈을 마련하는 것이 우선이다. 자동차를 사면 모든 계획이 어그러진다. 새 차는 인수 받는 즉시 그 자리에서 200만~300만 원이 날아간다. 새 차에서 중고차로 바뀌면서 차 시세가 달라지기 때문이다. 그리고 대부분 3년이 지나면 50% 감가상각된다. 자동차를 사면 거기서 끝나는 것이 아니다. 차량 할부금과 보험료, 기름값, 수리비, 유지비 등 돈 먹는 하마가 따로 없다.

과감히 자동차를 산 김 대리와 다르게 중소기업에 입사한 이

사원은 성실히 종잣돈을 모았다. 이 사원은 다음 달이면 1년 적금 만기가 돌아와서 기쁜 표정을 감출 수가 없었다. 그동안 월급의 60%를 저축하면서 사는 게 퍽퍽했지만 돈이 쌓이는 재미에 싱글벙글 웃음이 나온다. 이 사원은 종잣돈을 모으면서 부동산 공부를 시작했다. 재테크 관련 서적도 읽고, 오프라인 강의도 틈틈이 들었다. 최근에는 투자 컨설팅도 받으면서 1년간 모은 적금으로 소형 아파트에 투자하기로 결심했다. 경매를 고려했지만 시간과 명도의 어려움 때문에 포기하고 소형 아파트 쪽으로 선회했다.

요즘에는 주말에 임장도 다니면서 투자할 물건을 분석하고 있다. 직장에 다니면서 주말에 임장하는 것이 쉽지는 않다. 그렇지만 1년 동안 아끼면서 모은 종잣돈과 공부하면서 배운 노하우를 실천할 수 있다는 데 마냥 행복했다. 한 달 후 드디어 이 사원은 역세권 20평대 대단지 소형 아파트를 매입했다. 전세를 놓고 집주인이 되었다. 매매 계약과 전세 계약을 마무리 짓고 공인중개사무소를 나오는데 눈물이 났다. 그동안 종잣돈을 모으고 부동산 공부를 하면서 힘들었던 과정이 주마등처럼 지나갔다. 이 사원의 눈물은 기쁨의 눈물이자 희망의 눈물이었다.

이 이야기는 우리 주변에서 실제로 일어나고 있는 사회초년생의 블루스다. 누구나 첫 직장에 들어가면 성공을 꿈꾸며 열심히 산다. 똑같이 시작했지만 자동차를 산 김 대리와 부동산 투자를 한 이 사원은 분명 다른 인생을 살 것이다. 처음에는 그 차이가 크지 않겠지만 시간이 흐를수록 삶의 양상은 달라질 것이다. 자동차는 부채지만 부동산은 자본이다. 자동차를 사서 처음 가격보다 더 비싸게 팔 수는 없지만 부동산은 시간이 흐르면서 가격이 상승한다. 자동차는 편리함과 생활의 윤택함을 주지만 자산을 증식시키지 못한다. 오히려 자동차로 인해 돈이 더 들어간다.

부동산은 가격이 상승하면서 처음 들어갔던 돈보다 더 많은 돈을 나에게 안겨준다. 이게 부동산 투자의 마술이다. '돈이 돈을 벌게 해주는 마술' 말이다. 이렇게 말하면 분명 "부동산에 투자해서 가격이 하락하면 손해 아니냐?"라고 묻는 사람이 있을 것이다. 그렇다. 떨어지면 분명 손해다. 그러나 팔지 않으면 손해가 아니다. 시장이 흔들려 시세가 떨어졌다면 전세를 또 돌리면 된다. 아니면 그냥 내가 들어가서 살아도 그만이다. 내 집에서 살면서 전월세 비용을 아끼기만 해도 큰 이득이다.

부동산은 시간이 지나면 분명 상승한다. 이는 역사가 증명한다. 떨어질 때도 있지만 시간이 지나면 가격을 회복하고 다시 상승한다. 부동산은 사용가치가 있는 필수재이기 때문에 효용가치가 크다. 자동차는 아무리 좋아도 자동차에서 살 수 없지만 집은 다르다. 무엇인가를 얻기 위해서는 무엇인가는 포기해야 한다. 자동차도 사고 부동산 투자도 할 수 있다면 얼마나 좋겠는가? 모든

것을 가질 순 없다. 가까운 미래에 달콤한 열매를 맺기 위해서라
도 조금은 불편하게 살자. 이런 불편함이 조금씩 모여서 더 큰 편
리함이 찾아올 것이다.

크라우드펀딩과 리츠 활용법

인플레이션에서
살아남기

짜장면은 서민 음식의 대표주자다. 맛도 맛이지만 최대 강점은 '가성비'에 있다. 한국물가정보가 공개한 자료에 따르면 1970년 짜장면 한 그릇의 가격은 100원이었다. 이후 1990년에는 10배 올라 1천 원대를 기록했고, 1995년에는 2천 원대, 2003년에는 3천 원대로 껑충 뛰었다. 그럼 지금은 어떨까? 2026년에는 7천~8천

원대까지 올라섰다.

어디 짜장면뿐이겠는가? 이 세상에 가격이 오르지 않는 물건은 없다. 물가상승률만큼은 오르게 되어 있다. 2020년대 이후 급격히 물가가 상승하면서 불황이 시작되자 가정경제는 파탄으로 내몰렸고 심각한 사회문제를 야기하고 있다.

최근 물가 급등의 주요 원인은 이렇다.

첫째, 러시아-우크라이나 전쟁이다. 러시아-우크라이나 전쟁으로 둘류 이동이 제한되면서 기름뿐만 아니라 곡물 가격이 급등했다. 러시아-우크라이나 전쟁이 발발한 이유는 우크라이나의 북대서양조약기구(NATO) 가입 문제 때문이다. 우크라이나가 나토에 가입하면 러시아의 입지가 좁아진다. 러시아는 우크라이나의 나토 가입을 막기 위해 전쟁을 일으켰다. 물론 나토 가입 문제 이면에는 다른 이유가 숨겨져 있다. 진짜 이유는 우크라이나의 평야 지대 때문이다. 우크라이나 평야 지대에 있는 송유관은 러시아의 천연가스가 유럽에 수출되는 주요 통로다. 러시아는 천연가스를 통해 유럽을 압박하고 경제적 이득을 누려왔다. 우크라이나가 나토에 가입하면 러시아의 영향력이 크게 떨어질 수 있어 두려운 것이다.

둘째, 막대한 유동성 증가에 따른 부작용이다.

지난 몇 년간 코로나19 팬데믹 사태를 겪으면서 태어나서 처음으로 국가에서 재난지원금이라는 돈이 나왔다. 그것도 한 번이 아닌 여러 번 돈을 받았다. 재난지원금은 하나의 예일 뿐, 이런 식으로 엄청난 자금이 시중에 풀렸다. 경제 부양을 위해 각국 중앙은행에서 막대한 유동성을 시장에 푸는 방식으로 경기를 부양시켰고, 시중에 통화량이 증가하면서 전 세계적으로 물가가 상승했다. 그 결과 화폐가치는 떨어지게 되었다.

인플레이션이란 화폐가치가 하락해 물가가 전반적으로, 지속적으로 상승하는 현상을 말한다. 인플레이션에서 살아남기 위해서는 부동산 투자로 떨어지는 화폐가치에 대비해야 한다. 예전에는 은행에 돈을 넣어 놓으면 높은 이자를 누리며 원금을 불릴 수 있었다. 요즘처럼 주식이니 부동산이니 재테크를 하지 않아도 부자가 될 수 있었다.

투자는 시대의 산물이다. 시대에 따라 투자의 방식도 바뀐다. 금리가 높고 국가가 고도성장하던 20세기에는 안정적이고 금리가 높은 예적금이 단연 최고의 투자상품이었다. 열심히 벌어서 저축을 열심히 하고 목돈을 다시 예적금에 넣어 놓으면 시간이 부자를 만들어줬다. 그러나 2008년 글로벌 금융위기 이후 세계적인 은행도 망할 수 있다는 공포가 확산되었고, 선진국의 경제적 위기와 신흥국의 성장 둔화로 저금리의 늪이 시작되었다.

선사시대 때는 힘이 센 사람이 권력을 차지했다. 청동기 시대

때는 도구를 잘 쓰는 장수가 세상을 지배했다. 그리고 세월이 흘러 현재는 돈 많은 사람이 세상을 지배하고 있다. 이렇듯 세상은 변한다. 산과 바다만 변하는 것이 아니라 권력도 변하고 투자도 변한다. 부자가 되기 위해서는 생각의 속도가 빨라야 한다. 세상의 변화에 빠르게 대처하고 적응해야 부자가 될 수 있다.

지금은 잠시 숨 고르기 중이지만 전 세계가 양적 팽창을 위해 돈을 풀고 있다. 통화량 증가로 화폐가치가 떨어지면서 1년 전의 1억 원과 지금의 1억 원은 값어치가 달라졌다. 수십 년 전에는 1만 원짜리 지폐 한 장이면 시장에서 장바구니를 가득 채울 수 있었다. 그러나 요즘은 장바구니가 필요 없다. 한 손에 봉지 하나 달랑 들고 나오기 때문이다. 그만큼 물가가 많이 올랐다. 안 오른 것이 없다. 월급과 애들 성적만 오르지 않고 세상 모든 것이 다 올랐다.

이 세상에서 가장 위험한 투자는 전세다. 여러분이 전세를 2년 또는 4년을 산다고 가정해보자. 전세보증금을 지켰다고 손해를 보지 않았다고 생각하면 큰 오산이다. 2년 동안 물가가 오르면서 여러분의 전세보증금도 값어치가 하락했다. 전세를 살면 아파트 값이 떨어져도 손해고, 아파트 값이 폭등하면 더 큰 손해다. 전세 계약과 동시에 전세보증금은 값어치가 떨어진다.

부동산은 실물자산이다. 주식은 유가증권이지만 부동산은 실제 사용가치가 있는 토지 및 그 정착물이다. 부동산은 최소 물가 상승률만큼은 오른다. 이것이 부동산에 투자해야 하는, 아니 반드시 부동산에 투자해야 하는 이유다. 부동산 투자는 화폐가치 하락을 헤지하는 중요한 수단이다. 다만 부동산 투자를 위해서는 수천만 원이라는 최소한의 종잣돈은 반드시 필요하다. 만일 이러한 종잣돈이 아직 없다면 다음의 방식을 추천한다.

소액 투자자를 위한
새로운 투자방법

첫 번째 방법은 크라우드펀딩이다. 다수의 투자자가 소액의 자금을 모아 하나의 부동산 프로젝트에 공동으로 투자하는 방식이다. 개인이 직접 부동산을 매입하기 어려운 상황에서도 비교적 적은 금액으로 부동산 투자에 참여할 수 있다는 점에서 최근 주목받고 있다.

이 방식의 가장 큰 장점은 진입장벽이 낮다는 것이다. 최소 10만 원 수준의 소액으로도 투자가 가능해 초기 자본이 부족한 투자자에게 적합하다. 또한 부동산 전문가가 프로젝트를 선별하고 운용을 맡기 때문에 개인이 모든 과정을 직접 관리해야 하는 부담이 적다. 오피스텔, 상가, 물류센터 등 다양한 유형의 부동산에 분산 투자가 가능하다는 점도 리스크 관리 측면에서 유리하다. 여기에 투자 과정과 수익 배분 구조가 비교적 투명하게 공개되며, 일부 플랫폼의 경우 중도 매매 기능을 제공해 일정 수준의 유동성도 확보할 수 있다.

다만 크라우드펀딩 투자 시 반드시 주의해야 할 점이 있다. 먼저 플랫폼의 신뢰성과 그동안의 운영 실적을 꼼꼼히 확인해야 하며, 각 프로젝트별 위험도와 예상 수익률을 면밀히 분석할 필요가 있다. 투자 기간과 중도해지 조건도 사전에 확인하지 않으면 자금이 장기간 묶일 수 있다. 무엇보다 운용사가 실제로 충분한 전문성을 갖추고 있는지, 과거 프로젝트에서 어떤 성과를 냈는지를 점검하는 것이 중요하다.

두 번째 방법은 리츠(REITs; Real Estate Investment Trusts)다. 부동산투자신탁으로 다수의 투자자로부터 자금을 모아 부동산에 투자하고 그 수익을 투자자에게 배당으로 지급하는 상품이다.

리츠는 부동산에 간접 투자하면서도 주식처럼 거래할 수 있는 대표적인 부동산 금융상품이다. 증권거래소에 상장되어 있어 주식과 동일하게 실시간 매매가 가능하고, 법적으로 발생한 수익의 90% 이상을 배당해야 하기 때문에 상대적으로 높은 배당수익률을 기대할 수 있다. 또 개별 투자자가 직접 부동산을 관리할 필요 없이 부동산 전문가가 포트폴리오를 구성하고 운용한다는 점에서 편의성이 높다. 오피스, 상업시설, 주거용 부동산 등 다양한 자산에 분산 투자함으로써 리스크를 낮출 수 있다는 점도 리츠의 중요한 특징이다.

국내 리츠는 투자 대상에 따라 여러 유형으로 나뉜다. 업무용 빌딩을 중심으로 투자하는 오피스 리츠, 백화점이나 쇼핑몰 등 상업용 부동산에 투자하는 리테일 리츠, 아파트나 오피스텔 등 주거용 부동산을 담은 주거 리츠가 대표적이다. 이 밖에도 여러 유형의 부동산을 한데 묶어 분산 투자하는 복합형 리츠도 있다.

리츠 투자 전략은 거시환경과 밀접하다. 일반적으로 금리 하락기에는 리츠의 배당 매력이 부각되며 가격 상승을 기대할 수 있고, 인플레이션 국면에서는 실물자산인 부동산 가치 상승을 통한 헤지 효과를 기대할 수 있다. 무엇보다 정기적인 배당을 통해 안정적인 현금흐름을 확보할 수 있다는 점에서 장기 투자자에게 적합하다. 여기에 부동산 시장 사이클을 고려해 매수·매도 시점을 전략적으로 조절한다면 투자 효율을 높일 수 있다.

부동산 크라우드펀딩과 리츠를 비교해보면 성격의 차이가 분명하다. 부동산 크라우드펀딩은 소액으로 특정 부동산 프로젝트에 직접 투자할 수 있어 접근성이 뛰어나지만, 중도 환매가 어렵고 프로젝트 하나에 리스크가 집중된다는 한계가 있다. 반면 리츠는 유동성이 높고 비교적 안정적인 배당수익을 기대할 수 있으며,

• 부동산 크라우드펀딩 vs. 리츠

구분	부동산 크라우드펀딩	리츠
최소 투자금액	보통 10만~100만 원	주식 1주 가격
유동성	제한적	높음
투명성	높음	매우 높음
수익구조	프로젝트 완료 시 일시 지급	정기 배당+시세차익
위험도	프로젝트별 상이	시장 전체 영향
세금 혜택	일반소득세	배당소득세
투자기간	단기~중기	자유로움
기대수익률	연 5~15%	연 3~8%

여러 부동산에 분산 투자되어 위험이 완화된다. 다만 개별 프로젝트를 직접 선택하거나 통제하기는 어렵다.

1CO세 시대 생애재무설계 관점에서 보면 두 상품의 역할은 더욱 분명해진다. 은퇴 이후 안정적인 현금흐름이 필요한 경우 리츠가 적합하고, 여유자금으로 상대적으로 높은 수익을 추구하고자 한다면 부동산 크라우드펀딩이 대안이 될 수 있다. 투자 목적과 생애 단계에 따라 두 상품을 적절히 조합해 포트폴리오를 구성하는 것이 현실적이고 균형 잡힌 전략이라 할 수 있다.

통화정책 변화와 부동산 투자 타이밍

실물자산인 부동산에 투자해야 하는 이유는 화폐가치 하락 때문이다. 반대로 화폐가치가 계속 상승하면 재테크라는 말도 필요 없다. 저축만 하면 될 것이다. 화폐가치의 하락은 재테크라는 새로운 용어를 만들어냈고, 사람들을 주식과 부동산 투자로 이끌었다.

통화량 증가 문제도 면밀히 관찰해야 한다. 통화량이란 시중에 유통되는 통화의 양으로 시중에 있는 지폐와 동전, 예금이나 수표, 어음 등을 일컫는다. 통화량이 예전보다 증가한다는 말은 시중에 돈이 계속 증가한다는 말이다. 즉 돈의 가치는 하락하고 물가는 상승한다는 뜻이다. 이러한 물가 상승을 우리는 인플레이션이라고 부른다.

인플레이션이 발생하면 장기적으로 물가가 상승하지만 단점만 있는 것은 아니다. 통화량이 늘어나면 사람들 수중에 돈이 많아지고 소비로 이어져 기업의 실적이 좋아진다. 기업은 물건이 잘 팔리면 사람들을 더 많이 고용하기 때문에 실업률이 하락한다. 세계 각국이 완만한 인플레이션을 희망하는 이유가 여기에 있다. 이렇게만 보면 인플레이션이 참 좋아 보인다. 하지만 급격한 인플레이션은 급격한 물가 상승을 야기해 경제에 독으로 작용한다. 물가가 가파르게 오르면 돈의 가치가 떨어지고, 소비자들의 실질구매력이 감소해 사회적으로 큰 혼란을 야기할 수 있다.

코로나19 팬데믹 사태로 각국의 중앙은행은 시중에 엄청난 돈을 풀어 경기를 부양했다. 침체된 경제 상황을 개선하기 위해 돈을 푼 것이다. 그 덕에 최근 몇 년간 통화량이 크게 증가했다. 갑자기 통화량이 큰 폭으로 증가하면서 물가도 큰 폭으로 상승했다. 물가가 상승하면 화폐가치는 하락하고 실물자산의 가격은 상승한다. 실물자산이 장기적으로 계속 상승하는 이유다.

통화정책의 변화를 읽는 것은 부동산 투자자에게 필수 능력이다. 중앙은행이 확장적 통화정책을 펼 때와 긴축적 통화정책을 펼 때 부동산 시장의 반응은 확연히 다르다. 2020년 한국은행이 기준금리를 0.5%까지 내렸을 때 부동산 시장은 폭등했다. 반대로 2022년부터 급격한 금리 인상이 시작되자 부동산 시장은 급속히 냉각되었다. 이는 우연이 아니다. 통화정책과 부동산 시장은 밀접한 상관관계가 있기 때문이다.

저금리 시대에는 은행 예금으로는 인플레이션을 이길 수 없다. 돈을 은행에 넣어두면 명목상으로는 이자를 받지만 실질적으로는 손해를 보는 셈이다. 예를 들어 은행 금리가 2%인데 물가상승률이 4%라면 실질적으로는 매년 2%씩 손해를 보는 것이다. 이런 상황에서 사람들은 실물자산으로 눈을 돌린다. 그중에서도 부동산은 가장 선호되는 투자처다.

금리가 낮으면 부동산 투자에 유리한 환경이 조성된다. 대출 이자 부담이 줄어들기 때문에 레버리지를 활용한 투자가 쉬워진다. 1억 원의 자기자본으로 3억 원짜리 부동산을 살 수 있다면 수익률은 3배로 증폭된다. 반대로 금리가 높아지면 대출 이자 부담이 커져 투자 매력도가 떨어진다. 이때는 현금 보유 비중을 늘리고 기회를 기다리는 것이 현명하다.

미 연준의 정책 변화도 한국 부동산 시장에 큰 영향을 미친다. 미국이 금리를 올리면 달러가 강세를 보이고 한국에서 자금이 빠져나간다. 이는 한국 부동산 시장에 부정적 요인으로 작용한다. 반대로 미국이 금리를 내리면 한국으로 자금이 유입되어 부동산 시장에 호재가 된다. 글로벌 투자자들에게 한국은 여전히 매력적인 투자처이기 때문이다.

통화량 증가와
부동산 투자

그럼 부동산은 통화량 증가에 어떤 영향을 받을까? 주택은 필수재다. 사람이 사는 '집'이기에 당연하다. 동시에 투자가치가 높은 실물자산이기에 화폐가치 하락과 통화량 증가는 주택 가격을 견인한다.

김기원 데이터노우즈 대표의 2021년 매일경제 칼럼은 우리에게 많은 시사점을 제공한다. "시중에 돈이 얼마나 풀려 있는가 확인할 수 있는 것이 광의통화로 불리는 M2 통화량이다. (…) 기본적으로 통화량이 늘어나는 속도만큼 아파트 시가총액이 늘어나는 것은 자연스러운 현상이라고 볼 수가 있다."

통화량 증가는 부동산 등 실물자산 상승으로 이어질 가능성이 높다. 통화량 데이터 차트는 M1 통화량과 수도권 아파트 시가총액의 비율을 구한 것이다. M1 통화량은 보는 바와 같이 2020년 들어 급증했다. 그 증가세가 2003년 이후 사상 최고치다. 차트에

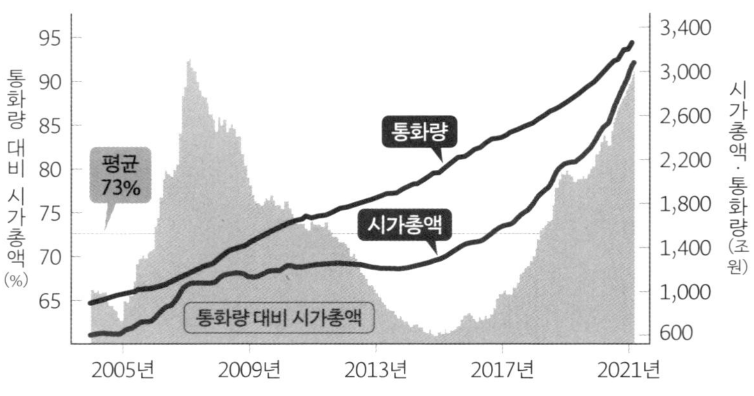

서 보이는 바와 같이 시중 유동성을 나타내는 M2 통화량은 꾸준하게 증가해오고 있다. 수도권 아파트 시가총액도 최근에는 상당히 가파르게 증가하고 있다.

따라서 통화정책 변화의 신호를 미리 포착하는 것이 중요하다. 중앙은행 총재의 발언, 통화정책위원회 회의록, 각종 경제지표 등을 면밀히 분석해야 한다. 인플레이션율이 목표치를 웃돌기 시작하면 금리 인상 신호로 해석할 수 있다. 반대로 경기 침체 우려가 커지면 금리 인하 가능성이 높아진다.

부동산 투자 타이밍을 잡기 위해서는 통화정책뿐만 아니라 다른 요인도 함께 고려해야 한다. 정부의 부동산 정책, 주택 공급 계획, 지역 개발 호재 등이 복합적으로 작용하기 때문이다. 하지만 이 모든 요인 중에서도 통화정책의 영향력은 압도적이다. 돈의 흐름이 바뀌면 모든 자산 시장이 요동치기 때문이다.

성공적인 부동산 투자를 위해서는 거시경제 흐름을 읽는 안목이 필요하다. 통화량 증가, 금리 변화, 환율 변동, 정책 변화 등을 종합적으로 분석해서 투자 전략을 수립해야 한다. 단순히 현재 시점의 부동산 가격만 보고 판단하면 안 된다. 앞으로 어떤 변화가 일어날지 예측하고 그에 맞는 포지션을 취해야 한다.

물론 통화량이 절대적인 것은 아니다. 통화량 때문에 부동산이 무조건 상승하지는 않는다. 금리, 환율, 물가, 부동산 심리, 정부 정책, 세계 경제 등 많은 부분이 영향을 미친다. 그러나 거시적인 관점에서 통화량이 계속 상승하고 화폐가치가 계속 떨어지는 것은 분명한 이치다. 필자가 하고 싶은 말이 여기에 있다. 결국 부동산 가격은 물가상승률만큼 오르게 되어 있다.

통화정책의 변화를 읽고 적절한 타이밍에 투자하는 것. 이것이 부동산 투자 성공의 핵심이다. 시장의 흐름을 거스르려 하지 말고 흐름에 맞춰 움직여야 한다. 확장적 통화정책 시기에는 적극적으로 투자하고, 긴축적 통화정책 시기에는 보수적으로 접근하는 것이 현명하다. 이런 원칙을 지킨다면 누구나 부동산 투자로 성공할 수 있다.

공급 부족 시대의 투자 기회 포착법

부동산 가격의 근본은 수요와 공급이다. 재화의 가격은 무엇으로 결정되는가? 수요와 공급에 의해서 결정된다. 우리가 중학교 때 배운 내용이다. 모든 재화는 수요곡선과 공급곡선이 만나는 지점에서 가격이 결정된다. 공급이 감소하면 가격이 상승하고, 공급이 증가하면 가격이 하락한다. 부동산 가격은 여기에 핵심이 있다.

수요는 고정적이다. 재개발·재건축으로 인한 이동 수요가 나타나거나 신도시 개발로 인한 입주 수요가 폭발하지 않는 한 수요는 그 지역의 인구수로 결정된다. 인구가 100만 명인 도시와 10만 명인 도시는 당연히 수요량도 그만큼 차이 난다. 그래서 부동산 가격은 공급량에 따라 결정된다.

한국은 지금 급격한 인구 감소 시대로 접어들고 있다. 2022년부터 인구가 감소하기 시작했고, 2070년에는 3,800만 명까지 줄어들 것으로 전망된다. 합계출산율은 0.748명으로 세계 최저 수준이다. 이는 곧 주택 수요의 급격한 감소를 의미한다. 하지만 모든 지역이 동일하게 영향을 받는 것은 아니다. 수도권으로의 인구 집중은 여전히 지속되고 있다. 지방 중소도시는 인구가 급감하고 있지만, 서울과 수도권 일부 지역은 여전히 공급 부족 현상을 보이고 있다.

공급 부족 지역을 찾는 것이 투자 성공의 핵심이다. 전국적으로는 즈택이 남아도는 시대가 왔지만, 특정 지역에서는 여전히 공급이 브족하다. 이런 지역을 미리 찾아내어 투자하는 것이 중요하다. 공급 부족은 단순히 현재 시점의 문제가 아니라 향후 5~10년을 내다봐야 하는 문제다.

부동산 시장의 공급은 일반 재화의 공급과는 다르다. 일반 재화는 언제든지 공장에서 만들 수 있지만 아파트는 만들어지는 과정이 오래 걸린다. 땅을 확보하고, 인허가를 받고, 분양을 하고, 공사 기간을 거쳐 입주를 하기에 최소 5년에서 10년 이상 소요된다. 아파트 분양을 하고 입주까지도 최소 3년에서 5년은 소요되기에 공급량은 비탄력적이다. 갑자기 부족한 공급량을 일시에 해소할 수 없다는 뜻이다.

이러한 공급의 비탄력성은 투자자에게 기회를 제공한다. 공급이 부족한 지역을 미리 파악하고 투자한다면 향후 가격 상승을 기대할 수 있다. 반대로 공급 과잉 지역에서는 한동안 가격 하락이나 정체를 각오해야 한다. 문제는 이를 어떻게 미리 파악하느냐는 것이다.

최소 5년에서
10년을 내다봐야

공급 부족을 예측하는 가장 확실한 방법은 입주물량을 분석하는 것이다. 지역별 아파트 분양물량과 입주물량은 매년 다르다. 분양물량이 적은 해는 3년 뒤 입주물량이 적다. 반대로 분양물량이 많은 해는 3년 뒤 입주물량이 많다. 여기에 초점을 맞추면 된다.

현재 분양 중인 아파트가 적다면 3~5년 후 그 지역은 공급 부족에 시달릴 가능성이 높다. 개발업체들이 분양을 꺼리는 이유는 여러 가지다. 건축비 상승으로 인한 수익성 악화, 고금리로 인한 자금 조달 어려움, 분양가 상한제 등 각종 규제 등이 복합적으로 작용한다. 하지만 이런 이유로 공급이 줄어든다면 수년 후에는 반드시 공급 부족 현상이 나타날 것이다.

정부의 각종 규제 정책도 공급 부족의 원인이 된다. 재건축·재개발 규제, 분양가 상한제, 각종 부동산 세제 등이 공급을 위축시킨다. 단기적으로는 가격 안정 효과가 있을 수 있지만, 장기적으로는 공급 부족을 야기해 더 큰 가격 상승을 불러올 수 있다. 투자자라면 이런 정책의 부작용을 미리 예측하고 대비해야 한다.

수도권 규제지역의 경우 공급 부족이 더욱 심각하다. 각종 규제로 인해 신규 공급이 거의 이뤄지지 않고 있다. 기존 주택의 노후화는 진행되지만 새로운 공급은 막혀 있는 상황이다. 이런 지역에서는 향후 규제가 완화될 때를 대비해 미리 투자 포지션을 잡아두는 것이 유리하다.

지방의 경우 상황이 다르다. 대부분의 지방 도시는 인구 감소로 인해 공급 과잉 상태다. 하지만 지방에서도 예외적인 지역이 있다. 산업단지가 새로 조성되거나, 대학이 있거나, 교통 인프라가 개선되는 지역 등은 여전히 공급 부족 현상을 보인다. 이런 지역을 찾아내는 것이 지방 투자의 핵심이다.

입주물량 분석을 통한 투자 전략을 구체적으로 살펴보자. 먼저 투자하고자 하는 지역의 향후 3~5년간 입주 예정 물량을 조사한다. 이 정보는 부동산 정보 사이트나 지자체 사이트에서 확인할 수 있다. 입주 예정 물량이 현재보다 크게 증가한다면 공급 과잉을 우려해야 한다. 반대로 입주 예정 물량이 감소한다면 공급 부족으로 인한 가격 상승을 기대할 수 있다.

필자는 투자할 때 입주물량을 반드시 확인한다. 투자하는 지역의 공급물량이 많아서 아파트 가격이 떨어지는 곳을 우선 매수 지역으로 선정한다. 지역을 선정하고 나면 그다음에 부동산 종목을 선택한다. 주택 중에서 아파트, 빌라, 단독주택 순으로 투자를 많이 한다. 아파트는 소액으로 투자할 수 있는 소형 아파트를 선호한다. 2천만~3천만 원으로 갭투자를 많이 하는 편이다. 이때 반드시 2년 뒤 입주물량이 적은 곳을 고른다. 그래야 매도 시점에서 전세가든 매매가든 떨어지지 않는다.

공급 부족 지역에서도 신중한 접근이 필요하다. 공급이 부족하다고 해서 모든 부동산이 오르는 것은 아니다. 같은 지역 내에서도 입지에 따라 편차가 크다. 역세권, 학군(초품아), 대형마트 접근성 등을 종합적으로 고려해야 한다. 또 해당 지역의 임대 수요도 함께 살펴봐야 한다. 아무리 공급이 부족해도 임대 수요가 없다면 투자 매력도가 떨어진다.

미래의 공급 부족을 예측하기 위해서는 개발계획도 살펴봐야 한다. 현재는 공급이 부족하지만 대규모 신도시 개발이나 재개발 사업이 예정되어 있다면 몇 년 후에는 공급 과잉으로 전환될 수 있다. 반대로 각종 규제나 개발 제한으로 인해 향후에도 공급 증가가 어려운 지역이라면 장기적인 공급 부족이 지속될 가능성이 높다.

부동산 투자의 성공 확률을 높이려면 공급 부족 지역을 정확히 찾아내는 것이 핵심이다. 이를 위해서는 지속적인 시장 모니터링과 데이터 분석이 필요하다. 단순히 현재 시점의 공급 상황만 보는 것이 아니라, 향후 5~10년의 공급 전망까지 고려해야 한다. 이런 분석을 바탕으로 투자한다면 공급 부족 시대에 유효한 투자 기회를 찾을 수 있다.

절약형 인간에서 투자형 인간으로의 전환

돈을 바라보는
관점의 차이

세상은 요지경이다. 절약만 하는 사람이 판을 친다. 여기도 아끼고, 저기도 아끼고 투자하는 사람이 사라져간다. 요즘 친구들과 오랜만에 만나면 서로 제일 먼저 물어보는 게 "요즘 뭐 해?"라는 질문이다. 그럼 A라는 친구는 자기가 투자하고 있는 부동산과 주식 이야기를 한다. B라는 친구는 자기가 얼마나 절약하고 있는지 이야기한다. 이유는 간단하다. A는 투자형 인간이고 B는 절약형 인간이다. 안타까운 이야기지만 절약형 인간은 높은 확률로 경제적 자유에 이를 수 없다.

예전에는 '저축'이 미덕의 상징이었다. 통장 잔고가 늘어나는 것이 곧 성공의 지표였다. 금리가 높았던 시절에는 저축만 해도 부자가 될 수 있었다. 은행 금리가 10%를 넘나들던 시절, 저축은 곧 투자였고 투자는 곧 저축이었다. 그러나 세월이 흐른 지금, 아무리 저축을 해도 인플레이션을 이길 수 없다. 은행에 돈을 넣어 둬도 실질적으로는 손해를 보게 된다. 이제는 절약과 저축만으로는 부자가 될 수 없다. 그런데도 많은 사람이 절약에만 매달린다.

절약과 투자의 차이는 돈을 어떻게 바라보느냐에 있다. 절약형 인간은 돈을 지키는 것에만 관심이 있다. 투자형 인간은 돈을 늘리는 것에 관심이 있다. 돈을 지키는 것도 중요하지만, 돈을 늘리지 못하면 결국 인플레이션에 져버린다. 이 차이를 이해하지 못하면 평생 절약형 인간으로 살 수밖에 없다.

필자의 지인인 회사원 K는 절약의 달인이다. 점심은 집에서 도시락을 싸와서 먹고, 커피는 절대 사 먹지 않는다. 옷은 인터넷 쇼핑몰에서 가장 저렴한 것만 산다. 자동차도 10년 넘은 중고차를 타고 다닌다. 월급의 70%를 저축한다고 자랑한다. K는 자신의 절약 생활에 대단히 만족했다. K를 아는 사람들은 그가 알뜰하다며

입을 모아 칭송했다.

K는 5년 동안 월급 300만 원 중 200만 원씩 저축했다. 총 1억 2천만 원을 모았다. 하지만 5년 동안 물가는 20% 이상 올랐다. K가 모은 돈의 실질가치는 1억 원도 안 된다. 더 큰 문제는 앞으로다. 금리는 여전히 낮고 인플레이션은 계속된다. K가 아무리 절약해도 돈의 가치는 계속 떨어질 것이다. K는 열심히 절약했지만 실질적으로는 더 가난해지고 있다.

반면 투자형 인간은 다르다. 월급이 300만 원이면 생활비로 200만 원을 쓰고 나머지 100만 원은 투자한다. 부동산에 투자하거나, 주식에 투자하거나, 사업에 투자한다. 저축액이 적으니 처음에는 K보다 모이는 돈이 적다. 하지만 시간이 지나면서 투자 수익이 생긴다. 투자 수익으로 또 다른 투자를 한다. 돈이 돈을 벌어주는 선순환 구조가 만들어진다.

최근 K의 절약 생활에 균열이 생기기 시작했다. 아무리 절약해도 물가상승률을 따라잡을 수 없다는 것을 깨달았기 때문이다. 5년 전에 1만 원으로 살 수 있었던 것들이 이제는 1만 5천 원은 들어간다. 같은 생활을 하려면 더 많은 돈이 필요하다. 월급은 조금씩 오르지만 물가 상승 속도를 따라잡지 못한다. K는 더 극단적인 절약을 하고 있지만 한계가 있다.

K가 위기에 처한 근본적인 이유는 투자를 하지 않기 때문이

다. 절약만으로는 인플레이션을 이길 수 없다. 만약 K가 그동안 모은 돈으로 부동산에 투자했다면 어땠을까? 최근 5년 동안 입지 좋은 곳은 부동산 가격이 50% 이상 올랐으니 지금쯤 2억 원 가까이 되었을 것이다. 절약으로 모은 1억 2천만 원보다 훨씬 많다.

절약과 투자의 차이를 정확히 알아야 한다. 절약은 지출을 줄이는 것이고, 투자는 수익을 늘리는 것이다. 절약에는 한계가 있다. 아무리 절약해도 0원 밑으로는 내려갈 수 없다. 하지만 투자 수익에는 한계가 없다. 잘만 하면 원금의 몇 배까지도 벌 수 있다. 물론 투자에는 리스크가 있다. 하지만 절약에도 리스크가 있다. 인플레이션이라는 리스크 말이다.

많은 사람이 투자를 위험하다고 생각한다. 원금을 잃을 수 있다고 생각한다. 하지만 절약도 마찬가지로 위험하다. 인플레이션으로 인해 돈의 가치가 떨어지기 때문이다. 현재 한국의 연간 인플레이션율은 3~4% 수준이다. 은행 금리는 2~3% 수준이다. 은행에 돈을 넣어두면 매년 1~2%씩 실질적으로 손해를 본다. 10년이면 10~20%의 손실이다. 이것도 투자 손실이다.

투자형 인간이 되기 위해서는 사고방식부터 바꿔야 한다. 돈을 지키는 것보다 돈을 늘리는 것에 집중해야 한다. 물론 무작정 투자하라는 말이 아니다. 공부하고 준비해서 투자해야 한다. 하지만 공부만 하고 투자하지 않으면 아무 소용이 없다. 언젠가는 실행에 옮겨야 한다.

필자가 운영했던 공인중개사무소 고객 중에는 투자형 인간이 여럿 있다. 회사원 출신 L이 대표적이다. L은 10년 전만 해도 월급쟁이였다. 당시 월급은 400만 원 정도였다. L은 생활비로 250만 원을 쓰고 나머지 150만 원은 모두 부동산 투자에 썼다. 주변 사람은 L을 무모하다고 했다. 절약해서 저축하는 것이 안전하다고 했다.

하지만 L은 투자를 멈추지 않았다. 처음에는 소형 오피스텔을 갭투자로 샀다. 임대를 주고 2년 후에 팔아서 수익을 냈다. 그 수익으로 더 큰 아파트를 샀다. 이런 식으로 계속 투자를 확대해나갔다. 지금 L은 부동산을 10여 채 보유하고 있다. 매달 나오는 임대소득만 500만 원이 넘는다. 회사를 그만두고 전업 투자자가 되었다.

L의 성공 비결은 절약이 아니라 투자였다. 물론 L도 처음에는 절약했다. 하지만 절약의 목적이 달랐다. 투자하기 위해 절약한 것이다. 절약 자체가 목적이 아니었다. 절약해서 모은 돈을 투자에 써서 더 큰 수익을 냈다. 돈이 돈을 벌게 했다.

절약형 인간과 투자형 인간의 가장 큰 차이는 시간에 대한 인식이다. 절약형 인간은 현재에만 집중한다. 지금 당장 돈을 아끼는 것에만 관심이 있다. 투자형 인간은 미래를 본다. 지금 투자한

돈이 미래에 얼마나 늘어날지 계산한다. 시간이 지날수록 이 차이는 기하급수적으로 벌어진다.

부동산 투자도 마찬가지다. 절약형 인간은 부동산을 사기 위해 무조건 돈부터 모으려고 한다. 3억 원짜리 아파트를 사려면 3억 원이 모일 때까지 기다린다. 하지만 그 기간 동안 부동산 가격은 계속 오른다. 3억 원을 모을 때쯤이면 그 아파트는 4억 원이 되어 있다. 다시 1억 원을 더 모아야 한다. 이런 식으로는 영원히 부동산을 살 수 없다.

투자형 인간은 다르다. 3억 원짜리 아파트를 사기 위해 1억 원만 모으면 바로 산다. 나머지 2억 원은 대출을 받는다. 물론 이자 부담이 있다. 하지만 부동산 가격 상승률이 대출 이자율보다 높다면 충분히 수익을 낼 수 있다. 시간을 돈으로 산 것이다.

투자형 인간이 되기 위해서는 절약의 리스크를 받아들여야 한다. 절약에는 리스크가 없는 것처럼 보이지만 실제로는 인플레이션이라는 큰 리스크가 있다. 투자에는 원금 손실 리스크가 있지만, 공부하고 준비하면 충분히 관리할 수 있다. 리스크를 피하려고만 하면 수익도 포기해야 한다.

절약형 인간에서 투자형 인간으로 전환하는 첫 번째 단계는 마인드를 바꾸는 것이다. 돈을 지키는 것보다 돈을 늘리는 것에 집중해야 한다. 두 번째 단계는 공부하는 것이다. 투자에 대해 배워야 한다. 세 번째 단계는 실행하는 것이다. 아무리 공부해도 실행하지 않으면 소용없다. 처음에는 작은 금액부터 시작하면 된다. 월 소득의 10%부터 투자해 보자. 익숙해지면 점차 비율을 늘려나가면 된다. 중요한 것은 시작하는 것이다. 절약만 하다가는 인플레이션 때문에 더 가난해질 수 있다. 투자를 시작해야 진짜 부자가 될 수 있다.

절약도 필요하다. 하지만 절약의 목적이 투자여야 한다. 절약 자체가 목적이 되면 안 된다. 절약해서 모은 돈을 투자해야 한다. 그래야 돈이 돈을 벌어준다. 시간이 지날수록 투자 수익은 기하급수적으로 늘어난다. 이것이 절약형 인간에서 투자형 인간으로 전환해야 하는 이유다.

절약형 인간에 머물러 있지 말고 투자형 인간으로 전환해야 한다. 절약만으로는 한계가 있다. 투자를 통해서만 진짜 부자가 될 수 있다. 시작은 작더라도 꾸준히 투자하면 언젠가는 큰 성과를 거둘 수 있다. 지금부터라도 투자형 인간으로 전환하기 바란다.

성공하는 투자자의
7가지 습관

어릴 때는 엄마 말을 잘 듣는 아이를 착한 아이라고 했다. 학교 다닐 때는 공부 잘하는 학생을 모범생이라고 했다. 사회에 나와서는 일 잘하는 회사원을 모범사원이라 불렀다. 우리는 '모범'이라는 단어에 열광한다. 국어사전에서는 모범(模範)을 '본받아 배울 만한 본보기'라고 정의한다. 본받아 배울 만큼 본보기가 되기에 우리는 모범시민, 모범경찰, 모범소방관, 모범학생 등 모범이란 단어를 앞에 붙인다.

하지만 부동산 투자에서는 모범생이 아닌 성공하는 투자자가 되어야 한다. 성공하는 부동산 투자자에게는 공통된 습관이 있다. 이들은 남들과 다른 방식으로 생각하고 행동한다. 예전에는 저축을 해도 부자가 될 수 있었지만 지금은 시대가 바뀌었다. 투자를 하지 않고 부자가 된 사람은 없다. 성공하는 부동산 투자자가 되고 싶다면 그들의 습관을 배워야 한다.

돈으로부터 자유로운 사람은 없다. 가정을 이루고 자녀를 키우다 보면 돈이라는 족쇄에서 벗어날 수 없다. 돈이 많다고 다 행복한 건 아니지만 돈이 없으면 불행할 확률이 높다. 돈은 여러분을 편하게 만들고 아름답게 만든다. 그리고 주변 사람들을 행복하게 만든다. 상위 0.1%의 고액 연봉자가 아닌 이상 월급만으로 인생을 풍요롭게 살 수는 없다. 그래서 여러분은 열심히 종잣돈을 모아서 부동산 투자를 해야 한다.

성공으로 이어지는 7가지 습관

첫 번째 습관은 저축을 투자의 수단으로 보는 것이다. 성공하는 부동산 투자자는 저축을 그 자체로 목적으로 삼지 않는다. 저축은 종잣돈을 모으는 수단이지 그 이상 그 이하도 아니다. 종잣돈 모으기에 성공했다면 재테크 1단계는 성공한 것이다. 이 1단계에서부터 실패하는 경우도 많다. 그만큼 종잣돈 모으기가 쉽지 않다. 1단계에 성공했다면 이제 다음 단계로 나아가야 한다. 모범생이라면 정기예금을 택하겠지만, 성공하는 투자자는 원금이 보장되고 안전한 예적금의 유혹에서 벗어난다.

두 번째 습관은 인플레이션을 고려하는 것이다. 세상에 돈을 잃고 싶은 사람은 없다. 투자가 위험하다고 해서 예적금이 정답인 것은 아니다. 물가 상승과 화폐가치 하락을 고려하면 예적금만으로는 투족하다. 성공하는 부동산 투자자는 헤지를 위해 반드시 실물자산에 투자한다. 실물자산의 대표주자가 무엇인가? 바로 부동산이다. 이들은 부자가 되기 위해서는 남들과 똑같이 생각하거나 행동해서는 안 된다는 것을 안다.

세 번째 습관은 시간을 돈보다 소중하게 여기는 것이다. 연봉을 많이 받기 위해 승진을 꿈꾸는 것도 물론 좋다. 그러나 아이러니하게도 성공하는 부동산 투자자는 승진만을 목표로 하지 않는다. 승진을 위해선 그만큼 회사 일에 몰두하고 늦게 퇴근해야 한다. 어쩌면 주말에도 회사에 출근해야 할지 모른다. 결국 승진이 되고 연봉이 올라도 회사에 더욱 많은 시간을 소비한다. 성공하는 투자자는 부동산 투자를 공부하고 실행할 시간을 확보하기 위해 업무 효율성을 높인다.

네 번째 습관은 거주와 투자를 분리해서 생각하는 것이다. 부동산 투자도 남들과 다른 방식으로 접근해야 한다. 대부분의 직장인은 자기가 살고 있는 집을 옮기는 수준에서 투자한다. 30평대 10억 원 아파트에서 살다가 돈을 모아 30평대 15억 원 아파트로 이사를 간다. 성공하는 투자자는 다르게 생각한다. 10억~15억 원 아파트를 깔고 살 게 아니라 6억 원 정도 되는 아파트에 살면서 나머지 돈으로 부동산 투자를 하는 것이 훨씬 낫다고 본다. 물론 당연히 6억 원 아파트보다 15억 원 아파트에 사는 것이 훨씬 편하고 행복하다. 하지만 젊을 때일수록 요즘 말하는 소위 '몸테크' 한다는 마음으로 살아야 한다.

다섯 번째 습관은 과감한 결단력을 발휘하는 것이다. 성공하는 부동산 투자자는 기회가 왔을 때 과감하게 결정한다. 필자의 강의를 듣고 부동산 투자의 세계로 뛰어든 한 부부가 있다. 이들은 양산에 있는 3억 원짜리 아파트를 팔고 보증금 1억 5천만 원, 월세 50만 원짜리 집으로 이사를 갈 계획이라 했다. 그 이유에 대해 묻자 남편은 목돈(1억 5천만 원)을 공격적으로 활용하기 위해서라고 답했다. 지금은 월급만으로 사는 데 문제가 없지만 나중에 회사를 그만두면 가족의 생계가 위험하다는 생각에 적극적으로 투자에 임하겠다는 것이다.

여섯 번째 습관은 고정관념에서 벗어나는 것이다. 양산 아파트를 판 부부는 집을 팔고 남은 1억 5천만 원으로 부산에 있는 아파트 분양권 2개를 샀다. 물론 초반에는 프리미엄을 조금 주고 사야 했다. 그런데 수년 후 입주 시점이 되자 프리미엄이 억 단위로 올랐고, 전세를 놓자 오히려 여윳돈이 남는 상황이 되었다. 성공하는 투자자는 이처럼 지금 당장 목돈이 있어야 부동산에 투자할 수 있다는 고정관념에서 벗어나 투자를 실천한다. 이 부부도 처음에는 자가를 팔고 월세를 사는 게 부담스럽고 두려웠다. 잘 살고 있는 집을 팔고 그것도 월세로 간다고 생각하니 가족들도 만류했다.

일곱 번째 습관은 남의 시선보다 실리를 택하는 것이다. 모두가 만류했지만 양산 아파트를 팔지 않으면 부동산 투자를 할 수 있는 돈이 없었다. 사람들은 대부분 자신의 집을 투자에 활용하지 않는다. 적게는 수억 원, 많게는 수십억 원의 자산을 깔고 산다. 투자가 두렵고, 남의 시선이 두렵기 때문이다. 자가인지, 임대인지 따지는 사회적 시선이 두려워서 용기를 내지 못한다. 성공하는 투자자는 남의 시선보다 실제 수익을 더 중요하게 생각한다.

만약 그들이 아파트를 팔지 않고 그대로 살았다면 어땠을까? 필자는 이 부부에게 물었다. 혹시 팔고 나온 양산 아파트는 얼마나 올랐는지 말이다. 시세 대비 약 1억 원 정도 올랐다고 한다. 하지만 이 부부는 아파트 분양권 투자를 통해 5억 원을 벌었다.

성공하는 부동산 투자자의 이런 습관은 하루아침에 만들어지지 않는다. 꾸준한 학습과 경험을 통해 체화되는 것이다. 첫째, 저축을 투자의 수단으로 보는 것부터 시작하자. 둘째, 인플레이션의 위험성을 항상 염두에 두자. 셋째, 시간의 소중함을 알고 효율적으로 활용하자. 넷째, 거주와 투자를 분리해서 생각하자. 다섯째, 기회가 왔을 때 과감하게 결정하자. 여섯째, 기존의 고정관념을 깨고 새로운 방법을 시도하자. 일곱째, 남의 시선보다 실제 수익을 우선시하자.

이 7가지 습관을 몸에 익힌다면 여러분도 성공하는 부동산 투자자가 될 수 있다. 처음에는 어려울 수 있지만 하나씩 실천해나가면 된다. 중요한 것은 시작하는 것이다. 성공하는 투자자의 습관을 따라 하다 보면 어느새 여러분도 그들처럼 성공할 수 있을 것이다.

실패 없는
투자는 없다

핵심은
리스크 관리

'리스크(Risk)'의 사전적 의미는 '위험' '손실 가능성' '불확실성'이다. 우리말로 바꾸면 '손실이 발생할 수 있는 가능성'으로 해석할 수 있다. 성공한 투자자는 리스크 관리 시스템이 있다. 항상 정해진 원칙에 따라 정해진 방식으로 리스크를 관리한다.

얼마 전 우리의 영원한 일요일의 남자 송해 선생님께서 향년

95세를 일기로 별세하셨다. 우리가 송해 선생님을 존경하는 이유는 〈전국노래자랑〉이라는 프로그램을 통해 34년간 한 길을 걸으셨기 때문이다. 그의 소박하고 소탈한 삶은 많은 귀감이 되고 있다. 선생님은 매일 아침마다 빠짐없이 60년 단골 국밥집에서 4천 원짜리 아침식사를 드셨다. 그리고 매일 오후 4시에는 목욕탕에 가셨다. 200억 원대 재산을 지닌 부자임에도 변함없이 소탈한 선생님의 행보가 성공과 장수의 비결이었다. 이는 리스크 관리의 좋은 사례다. 과도한 소비나 사치를 피하고 일정한 패턴을 유지함으로써 재정적 안정성을 지켰던 것이다.

필자는 야구광이다. 한국 프로야구뿐만 아니라 미국 메이저리그도 좋아한다. 국내 야구팀은 10개 팀이 있다. 매년 시즌이 끝나면 5위까지 포스트시즌에 진출해 우승을 가리고, 나머지 하위 5개 팀은 내년을 기약한다. 약 30년 동안 야구를 보면서 느낀 것은 성적이 좋은 상위 팀은 리스크 관리가 철저하다는 것이다. 주전선수의 컨디션 관리, 부상 방지, 백업 선수 준비 등이 체계적으로 이뤄진다. 준비가 되어 있는 팀은 성적이 좋을 수밖에 없다.

그럼 하위권 팀의 특징은 무엇일까? 리스크 관리가 안 된다는 것이다. 주전선수가 부상을 당하면 대안이 없고, 연패가 시작되면 속수무책이다. 어떤 날은 운이 좋아 이기는 날도 있지만 요행은 오래가지 못한다. 요행이 끝나면 다시 연패를 하면서 하위권으로 내려간다. 투자에서도 마찬가지다. 실패 없는 투자는 세상에 존재하지 않는다. 워런 버핏도 실패한 투자가 많고, 조지 소로스도 큰 손실을 본 적이 여러 번 있다. 중요한 것은 실패하지 않는 것이 아니라, 실패했을 때 어떻게 관리하느냐는 것이다. 성공한 투자자들은 모두 뛰어난 리스크 관리력을 가지고 있다.

부동산 투자로 돈을 번 부자도 일정한 리스크 관리 원칙이 있다. 그들의 원칙은 간단하지만 철저하다. 첫째, 절대 빚을 과도하게 내지 않는다. 둘째, 한 번에 모든 돈을 투자하지 않는다. 셋째, 손절선을 미리 정해둔다. 넷째, 욕심을 부리지 않는다. 말로만 보면 쉽게 느껴지지만 실제로는 실천하기 어려운 원칙들이다.

부동산 투자에서 실패를 경험하는 이들은 리스크 관리가 안 된다. 조금만 가격이 떨어지고 흔들리면 계속 폭락할 것만 같아 불안해 한다. 미리 정해둔 원칙도 없고, 손절선도 없다. 그래서 감정적으로 판단하게 된다. 그리고 결국엔 손해를 감수하고 팔고 나온다. 가격이 오를 땐 또 어떤가? 천정부지 치솟으면 꼭지인 줄 모르고 비싼 값에 매수하는 무리수를 둔다.

리스크 관리의 첫 번째 원칙은 분산 투자다. "달걀을 한 바구니에 담지 마라"는 격언이 있다. 모든 돈을 한 곳에 투자하면 그것이 실패했을 때 치명적인 손실을 입는다. 부동산 투자도 마찬가지다. 너무 한 지역에 올인하거나, 재개발 물건에 올인하면 안 된다. 항상 변수를 생각해서 현금흐름을 확보해야 한다. 미분양 아파트 분양권을 살 때도 로얄동 로얄층 하나에만 투자해야지 추후 오를 것이라 맹신해서 2~3개씩 투자하면 쪽박의 위험이 커진다.

두 번째 원칙은 레버리지 관리다. 대출을 활용한 투자는 수익을 증폭시키지만 동시에 손실도 증폭시킨다. LTV 70%를 넘지 않는 것이 안전하다. 80~90%까지 대출을 받으면 수익률은 높아지지만 리스크도 급격히 커진다. 금리가 오르거나 부동산 가격이 떨어지면 감당하기 어려운 상황이 될 수 있다.

세 번째 원칙은 유동성 관리다. 모든 돈을 부동산에 묶어두면 안 된다. 급할 때 쓸 수 있는 현금을 항상 준비해둬야 한다. 예상치 못한 상황이 발생했을 때 대응할 수 있어야 한다. 전체 자산의 20% 정도는 항상 현금이나 쉽게 현금화할 수 있는 자산으로 보유하는 것이 좋다.

네 번째 원칙은 시장 타이밍 관리다. 부동산은 경기가 좋으면 거래가 많이 일어나면서 가격이 상승하고, 반대로 경기가 나쁘면 거래가 끊기면서 시장이 조용해진다. 거래가 안 되는 기간이 길어지면 부동산 가격이 본격적으로 하락하면서 급매가 늘어난다. 성공한 투자자는 이런 사이클을 이해하고 있다. 시장이 과열되었을 때는 매도하고, 시장이 침체되었을 때는 매수한다.

다섯 번째 원칙은 감정 관리다. 투자에서 가장 큰 적은 자신의 감정이다. 욕심과 두려움이 판단을 흐린다. 가격이 오르면 더 오를 것 같아서 욕심을 부리고, 가격이 떨어지면 더 떨어질 것 같아서 공포에 빠진다. 성공한 투자자는 미리 정해둔 원칙을 철저히 지킨다. 감정에 휘둘리지 않는다.

부자들은 아파트의 경우 시세 대비 20~30% 정도 하락하면 움직이기 시작한다. 예를 들어 시세 10억 원대 아파트가 7억~8억 원으로 떨어지면 전세 5억~6억 원을 끼고 갭투자한다. 하지만 이때도 리스크 관리를 철저히 한다. 전체 자산의 일정 비율만 투자하고, 대출 비율도 적정 수준을 유지한다. 그리고 전세 2년 또는 4년 후 상황을 보고 매도 여부를 결정한다. 만약 예상대로 12억 원에 매도할 수 있다면 자본금 2억 원 정도를 투자해서 약 4억 원을 번다. 투자금 대비 2배를 버는 셈이다.

리스크 관리의 핵심은 최악의 상황에 대비하는 것이다. 항상 '만약에'를 생각해야 한다. 만약 금리가 급등한다면? 만약 부동산 가격이 30% 떨어진다면? 만약 전세금을 돌려주지 못한다면? 이런 상황들을 미리 시뮬레이션 해보고 대비책을 마련해둬야 한다. 성공한 투자자는 이런 리스크 관리를 체계적으로, 반복적으로 한다. 감정에 휘둘리지 않고 원칙을 지킨다. 실패를 두려워하지 않되 실패했을 때의 충격을 최소화할 수 있도록 준비한다. 이것이 장기적으로 성공하는 투자자가 되는 비결이다.

투자는 확률 게임이다. 100% 성공하는 투자는 없다. 하지만 리스크를 잘 관리하면 성공 확률을 높일 수 있다. 그리고 실패했을 때의 손실을 최소화할 수 있다. 실패 없는 투자는 없지만, 리스크 관리가 뛰어난 투자자는 장기적으로 성공할 수 있다. 여러분도 철저한 리스크 관리를 통해 성공하는 투자자가 되기 바란다.

1천만 원으로 시작하는 첫 투자 로드맵

성공의 가장 큰 적은 투자를 시작하지 않는 것이다. 투자를 시작하기도 전에 큰돈이 있어야 한다고 생각하며 망설인다면 여러분에게는 아무 일도 일어나지 않는다. 초보 투자자가 투자에 성공하기 위해서는 일단 투자를 시작해야 한다.

무엇보다 시작이 가장 중요하다고 생각한다. 필자가 강연장에서 왜 투자를 하지 않느냐고 물어보면 다들 돈이 부족하고 확신이 없다고 말한다. 물론 부동산 투자는 일단 목돈이 들어가니 문턱이 높아 보인다. 하지만 1천만 원만 있어도 시작할 수 있다. 누군가

에는 큰돈일 수 있지만, 직장인이라면 조금만 절약해도 금방 모을
수 있는 돈이다. 1천만 원을 모았다면 과감하게 결단을 내려야 한
다. 그 문턱을 넘지 못하면 아무 일도 벌어지지 않는다.

많은 사람이 부동산 투자를 하려면 최소 수억 원은 있어야 한
다고 생각한다. 하지만 이는 큰 오해다. 1천만 원으로도 충분히
부동산 투자를 시작할 수 있다. 중요한 것은 금액의 크기가 아니
라 시작하는 것이다. 필자가 부동산 세계에 본격적으로 입문한 것
도 작은 금액부터였다. 2008년 부산에 있는 아파트 분양권에 투
자했다가 계약금 5%인 약 1,500만 원을 잃은 적이 있다. 외국에서
피땀 흘려 번 1,500만 원을 잃고 부동산 투자를 혐오했다. 그래서
한동안 부동산은 쳐다보지도 않았다. 20대 후반에 경험한 실패치
고는 수험료가 꽤 컸다.

하지만 그 실패가 오히려 전화위복이 되었다. 이후 오기가 생
기면서 슬럼프를 이겨냈고 왜 실패했는지 분석했다. 부동산 전문
가를 찾아다니며 배움에 돈을 아끼지 않았다. 경매 학원에 다니면
서 부동산 권리분석과 경매 절차, 그리고 명도와 임대에 대해 공
부했다. 이후 첫 경매 낙찰을 계기로 부동산 투자의 세계에 본격
적으로 발을 디뎠다.

만약 필자가 2008년 첫 부동산 투자에 실패하지 않았다면 이
렇게까지 부동산 공부에 열을 올릴 수 있었을까? 그냥 새로운 집

에 만족하며 남들처럼 안전만 추구하지 않았을까?

1천만 원으로 시작하는 첫 투자 로드맵을 제시해보겠다. 첫 번째 단계는 공부와 준비다. 1천만 원을 투자하기 전에 최소 3개월은 부동산 시장을 공부해야 한다. 부동산 관련 서적을 읽고, 유튜브 강의를 보고, 부동산 앱을 통해 시세를 파악하는 것부터 시작하자. 이 과정에서 100만 원 정도는 교육비로 투자하는 것이 좋다. 경매 교육, 부동산 투자 강의 등에 참여해보자. 지금 당장은 비용으로 느껴지겠지만 나중에는 몇 배 큰 수익으로 돌아올 것이다.

두 번째 단계는 지역 선정이다. 1천만 원으로 투자할 수 있는 지역을 찾아야 한다. 서울은 어렵지만 경기도 외곽이나 지방 중소 도시에는 기회가 있다. 중요한 것은 향후 발전 가능성이 있는 지역을 찾는 것이다. 대학교가 있거나, 산업단지가 있거나, 교통 인프라가 개선되는 지역을 우선적으로 살펴보자. 이런 지역에서는 1천만 원으로도 갭투자가 가능한 물건들을 찾을 수 있다. 특히 부동산 불경기인 시기가 기회가 될 수 있다.

세 번째 단계는 종목 선택이다. 1천만 원으로는 오래된 구축 아파트 투자가 현실적이다. 아니면 역세권 노후 빌라나 오피스텔도 현실이 될 수 있다. 특히 대학가 근처의 원룸이나 직장인이 많은 지역의 오피스텔은 임대 수요가 안정적이다. 처음에는 수익률보다는 안정성을 우선시하자. 임대가 쉽고 관리가 간편한 물건을 선택하는 것이 중요하다.

네 번째 단계는 실행이다. 갭투자란 전세금과 매매가의 차이만큼만 투자하는 방법이다. 예를 들어 매매가 1억 원, 전세가 7천만 원인 물건이 있다면 3천만 원만 있으면 투자할 수 있다. 하지만 1천만 원으로는 갭이 작은 물건을 찾아야 한다. 매매가 8천만 원, 전세가 7천만 원인 물건을 찾으면 1천만 원으로도 투자가 가능하다.

다섯 번째 단계는 임대 관리다. 투자 후에는 임대인이 된다. 임차인과의 소통, 건물 관리, 세금 처리 등을 직접 경험해봐야 한다. 처음에는 어색하고 어려울 수 있지만 이런 경험이 쌓여야 더 큰 투자를 할 수 있다. 임대료 연체, 계약 갱신, 수리 요청 등 다양한 상황을 경험하면서 부동산 투자의 실무를 익히자.

여섯 번째 단계는 매도 타이밍을 잡는 것이다. 첫 투자에서는 큰 수익을 기대하기보다는 경험을 쌓는 것이 목표다. 2년 후 시세가 조금이라도 오르면 매도를 고려해보자. 원금을 회수하고 작은 수익이라도 나면 성공이다. 이 경험을 바탕으로 두 번째, 세 번째 투자를 준비하자.

1천만 원 투자의 현실적인 수익률을 살펴보자. 매매가 8천만 원, 전세가 7천만 원, 갭 1천만 원인 물건에 투자했다고 가정하자. 2년 후 매매가가 1억 원으로 올랐다면 2천만 원의 시세차익이 발생한다. 물론 매매에 들어가는 중개수수료, 양도소득세(다주택자의 경우)를 고려하면 절대적인 금액은 작지만 수익률만 놓고 보면 나쁘지 않은 수준이다. 물론 위험 요소도 있다. 전세가가 떨어지거나 매매가가 하락할 수도 있다. 그러나 이미 가격이 저렴한 소형 아파트는 전세가와 매매가가 내려가지 않는다. 매수 시점부터 바닥에 샀고 전세가 상승이 이뤄지는 시기에 투자한다면 떨어질 일이 없다. 더불어 2년 뒤 입주물량까지 고려해 투자한다면 역전세를 피해갈 수 있어 보다 안정적인 투자가 가능하다.

1천만 원 투자가 성공하면 그다음 단계로 넘어갈 수 있다. 첫 투자에서 번 돈과 새로 모은 돈을 합쳐서 더 큰 투자를 할 수 있다. 이렇게 단계적으로 규모를 키워나가는 것이 안전하고 확실한 방법이다. 처음부터 큰 투자를 하려고 하지 말고, 작은 투자부터 차근차근 시작하자.

1천만 원 투자를 할 때 주의할 점도 있다. 첫째, 욕심을 부리지 말자. 처음에는 경험이 목적이므로 수익률에 너무 집착하지 말자. 둘째, 반드시 레버리지를 활용하자. 1천만 원만으로도 충분히 투자할 수 있는 물건을 찾자. 셋째, 너무 멀리 있는 물건은 피하자. 직접 관리할 수 있는 거리에 있는 물건을 선택하자.

처음부터 실패하지 않고 성공하는 것도 인생의 큰 경험이고 축복이다. 그러나 투자를 두려워하며 아무것도 하지 않고 안주한다면 더 큰 실패를 경험하는 것이다. 1천만 원으로도 충분히 부동산 투자를 시작할 수 있다. 설사 실패를 맛보더라도 여러분의 긴 인생에 있어 보약이 될 것이다. 지금 당장 1천만 원을 모아서 첫 투자를 시작해보자. 시작이 반이다.

이제는 메가시티 관점에서 입지를 바라봐야 한다. 서울-인천-경기를 하나의 도시권으로 보는 수도권 메가시티, 부산-울산-경남을 연결하는 동남권 메가시티, 대구-경북을 아우르는 대경권 메가시티가 새로운 입지 기준이 되고 있다. 수도권 메가시티에서는 GTX-A·B·C노선이 입지의 핵심 키워드다.

3장

앞으로 5년, 여기에 투자하라

입지의 새로운 정의, GTX와 메가시티

첫째도, 둘째도
입지다

부동산은 입지가 생명이다. 상가, 토지, 주택, 빌라, 아파트, 오피스텔 등 모든 부동산은 입지가 80%를 차지한다.

예를 들어 5천 세대의 브랜드 아파트가 분양을 한다고 가정해보자. 분양가가 주변 시세보다 평당 200만 원 싸다면 사람들의 관심이 폭발할 것이다. 그런데 아파트의 입지가 지리산 청학동 꼭대기라면 어떨까? 사람들의 관심이 순식간에 가라앉을 것이다. 아무리 브랜드 아파트고 분양가가 저렴해도 입지가 분양가를 결정하기 때문이다.

그런데 오늘날 입지의 개념이 완전히 바뀌고 있다. 과거에는 서울 중심부와의 거리가 입지의 절대 기준이었다면, 이제는 GTX 역세권과 메가시티라는 새로운 패러다임이 입지의 정의를 다시 쓰고 있다.

수도권 외곽 지역이라도 GTX 역세권이면 강남 못지않은 입지 가치를 인정받고 있다. 동탄2신도시, 광교신도시, 판교테크노밸리 등이 대표적인 예다. 이들 지역은 서울에서 30~40km 떨어져 있지만, GTX로 강남까지 20~30분 만에 연결되면서 새로운 입지 강자로 부상했다. 실제로 GTX 노선이 확정되거나 개통이 임박한 지역에서는 분양 경쟁률 상승, 전세 수요 증가, 매매가 프리미엄 형성 등 뚜렷한 시장 반응이 나타나고 있다.

토지 투자에서도 마찬가지다. 토지가 도로를 접하고 있느냐, 없느냐에 따라 맹지가 될 수도 있고 개발계획을 수립할 수도 있기 때문이다. 그런데 이제는 GTX 노선도와 메가시티 개발계획이 토지의 용도와 가치를 새롭게 결정한다. 경기도 외곽의 농지라도 GTX 역세권 2km 이내에 있으면 개발 가능성이 급상승할 수 있어 주목해야 한다.

메가시티와
GTX

여러분이 부동산에 투자한다면 이제는 메가시티 관점에서 입지를 바라봐야 한다. 서울-인천-경기를 하나의 도시권으로 보는 수도권 메가시티, 부산-울산-경남을 연결하는 동남권 메가시티, 대구-경북을 아우르는 대경권 메가시티가 새로운 입지 기준이 되고 있다.

수도권 메가시티에서는 GTX-A·B·C노선이 입지의 핵심 키워드다. 기존의 지하철 역세권 개념이 GTX 역세권으로 확장되면서 동탄, 수원, 평택, 화성, 김포, 파주까지도 서울 생활권으로 편입되고 있다. 특히 GTX-A노선의 동탄역은 수서까지 19분, 삼성까지 31분이면 도달할 수 있어 강남 접근성이 기존 강남 일대와 비슷한 수준이다.

부산권에서도 동해선 KTX와 부·울·경 메가시티 구상이 입지 판도를 바꾸고 있다. 울산, 포항, 경주까지 부산 생활권으로 확장되면서 기존 부산 중심부가 아닌 지역도 새로운 입지 가치를 인정받고 있다. 동해선 KTX로 부산역까지 30분 내외면 도달할 수 있는 울산 일대가 대표적이다. 소액 부동산 투자자라면 이제 단순히 '지하철 도보 10분'이라는 기준에서 벗어나 'GTX 30분권'이라는 새로운 관점으로 접근해야 한다. 서울 2호선 신림역 원룸보다 GTX-A 동탄역 인근 소형 아파트가 더 나은 투자처가 될 수 있는 시대가 왔다.

우리나라에서 부동산이라고 하면 '강남'을 떠올리는 이유는 강남의 입지 때문이었다. 강남은 교통의 중심지이자 8학군, 풍부한 일자리, 문화 인프라 등 입지적으로 플러스 요인이 압도적으로 뛰어난 곳이다. 그런데 GTX 시대에는 이런 강남의 입지 조건을 갖춘 소위 '제2 혹은 제3의 강남'이 등장할 것이다.

판교테크노밸리는 이미 '강남을 넘어선 강남'으로 평가받고 있다. IT 기업 집적지로 일자리가 풍부하고, 판교역을 중심으로 한 교통 인프라가 뛰어나며, 우수한 학군까지 갖추고 있다. 여기에 GTX-A노선이 개통되면서 강남 접근성까지 확보했다. 실제로 판교 아파트 가격은 이미 강남 일부 지역을 넘어서고 있다.

동탄2신도시도 마찬가지다. IT, 반도체, 바이오 등 미래 산업이 집중되어 있고, 동탄역을 중심으로 한 상권이 급성장하고 있다. 교육 인프라도 수도권 최고 수준이며, GTX-A로 강남까지 30분 내 접근이 가능하다. 인구 30만의 신도시가 독립적인 도시 기능을 갖추면서도 서울 접근성을 동시에 확보한 것이다.

이처럼 메가시티 시대의 입지는 단순한 물리적 거리가 아니라 '시간 거리'와 '기능적 연결성'이 핵심이다. 서울에서 50km 떨어진 곳이라도 GTX로 30분 내로 오고갈 수 있고, 독립적인 도시 기능을 갖추고 있다면 최고의 입지가 될 수 있다.

필자는 수년 전 부산 서면에 있는 삼한골든뷰센트럴파크 분양권에 투자했다. 도시철도 1호선 부전역 초역세권이었고, 주변에 부전역 복합환승센터가 들어설 예정이었다. 인근에 부산시민공원이 도보 5분 거리였고, 앞으로 '부전-울산 동해선'과 '부전-마산 복선전철'이 들어오면 교통의 중심지가 될 가능성이 컸다.

당시 이 투자 결정에서 중요했던 것은 단순한 역세권이 아니라 '광역 교통 허브'로의 가능성이었다. 부전역이 부산권 메가시티의 중심 허브가 될 것이라는 판단이 투자의 핵심이었다. 실제로 동해선 KTX 개통 이후 부전역은 부산에서 서울, 울산, 포항을 연결하는 광역 교통의 중심지가 되었고, 아파트 가격은 4억 5천만 원에서 10억 원 이상으로 급상승했다.

이 사례는 메가시티 시대의 입지 투자 전략을 잘 보여준다. 지금까지는 '서울 중심부와의 거리'가 입지의 절대적 기준이었다면, 이제는 '메가시티 내에서의 허브 기능'이 새로운 기준이 될 것이다. GTX 역세권, KTX 역세권, 복합환승센터 등 광역 교통 허브가 새로은 입지 프리미엄을 만들어내고 있다.

부동산 투자에서 입지의 중요성은 변하지 않는다. 다만 입지를 바라보는 관점이 달라졌을 뿐이다. GTX와 메가시티 시대에는

연결성과 허브 기능이 새로운 입지 가치를 결정한다. 그만큼 부동
산은 여전히 첫째도 입지, 둘째도 입지, 셋째도 입지다.

KTX 역세권이 뜨는 이유

최근 역세권의 개념이 근본적으로 바뀌고 있다. 예전에는 지하철에서 아파트까지의 거리가 500m에서 1km 정도 떨어진 아파트도 역세권 아파트라고 했다. 그러나 고속철도 시대가 열리면서 역세권의 기준이 완전히 달라지고 있다. 이제는 단순히 '지하철 역세권'이 아니라 'KTX 역세권'이 새로운 부동산 투자의 핵심 키워드로 떠오르고 있다.

KTX 역세권이 주목받는 이유는 명확하다. 시간 거리의 혁명이 일어났기 때문이다. 부산에서 서울까지 KTX로 2시간 30분, 대구에서 서울까지 1시간 40분이면 도달할 수 있다. 이는 기존 수도권 외곽에서 강남까지 출퇴근하는 시간과 비슷하거나 오히려 더 빠른 수준이다. 실제로 평택에서 강남까지 지하철로 통근하는 시간이 1시간 30분 이상 걸리는 것을 고려하면, 대구에서 서울까지의 KTX 이동이 더 효율적일 수 있다.

사람은 누구나 편리함을 선호한다. 특히 우리나라는 전국이 KTX로 연결되면서 '국토 반나절 생활권'이 현실화되고 있다. 이제 '부산 거주-서울 근무'가 가능한 시대가 왔다. 실제로 부산 KTX역 인근에 거주하면서 서울로 통근하는 직장인이 늘어나고 있다. 주거비는 절반 이하로 줄이면서도 통근 시간은 수도권 광역 통근자와 비슷한 수준을 유지할 수 있기 때문이다. 주4일제 또는 주3일제가 되면 광역 통근자는 기하급수적으로 늘어날 전망이다.

KTX 역세권의 새로운 정의

KTX 역세권의 개념을 정확히 알아둘 필요가 있다. 미래 입지 요소 중 가장 중요한 변화이기 때문이다. KTX 역세권의 정의는 기존 지하철 역세권과는 차원이 다르다. KTX 역세권의 광역적 정의는 KTX역을 중심으로 한 광역 생활권을 의미한다. 전국 어디든 3시간 이내 도달 가능한 국토 반나절 생활권의 핵심 거점을 KTX 역세권이라 한다. KTX 역세권의 실용적 정의는 KTX역에서 도보 10분 또는 대중교통 20분 이내 도달 가능한 지역으로, 기존 지하철 역세권보다 넓은 범위를 포함한다.

주목할 점은 KTX 역세권의 경우 기존 지하철 역세권과는 완전히 다른 기준이 적용된다. KTX역은 대부분 대규모 복합환승센터 형태로 건설되어 역 자체가 하나의 도시 기능을 담당한다. 따라서 KTX 역세권은 반경 2~3km까지도 충분히 그 영향권에 포함된다.

KTX 역세권 여부는 부동산 가격에 엄청난 영향을 미치고 있다. 한국부동산원의 2024년 분석에 따르면, KTX 역세권 아파트는 비역세권 아파트보다 평균 약 1억 5천만 원 더 높은 가격을 나타냈다. 특히 수서고속철도(SRT) 개통 이후 수서역, 동탄역, 평택, 지제역 주변 아파트 가격이 급상승한 것이 대표적인 예다. 'KTX 따라 돈이 흐른다'는 말이 퍼진 배경이다.

가격 상승률이 가장 큰 노선은 경부고속철도 구간으로, 동대구역 인근은 개통 이후 5년간 아파트 가격이 평균 80% 이상 상승했다. 부산역 인근도 비슷한 양상을 보이고 있다. 이는 KTX 역세권이 단순한 교통 편의성을 넘어 새로운 도시 중심지로 발전하고 있음을 의미한다. 호남고속철도 개통 이후 광주송정역, 목포역 인근 부동산 가격도 큰 폭으로 상승했다. 특히 광주송정역은 광주 도심에서 약 15km 떨어진 외곽 지역이었지만, KTX 개통 이후 광주 제2의 도심으로 부상하고 있다. 이처럼 KTX 역세권은 기존 도시 구조를 바꾸는 강력한 도시 개발 동력으로 작용하고 있다.

KTX 역세권은 단순한 교통 편의성을 넘어 '메가허브' 기능을 수행하고 있다. 앞으로 KTX역과 GTX, 일반철도, 지하철, 버스 터미널이 연결된 메가허브 역세권만이 진정한 역세권으로 인정받을 것으로 전망된다. 수서역이 대표적인 메가허브 역세권이다. SRT와 지하철 3호선, 분당선이 연결되어 있고, 향후 GTX-A노선까지 연결될 예정이다. 이렇게 되면 수서역은 전국 어디든 3시간 이내, 수도권 어디든 1시간 이내 도달할 수 있는 명실상부한 메가허브가 된다.

동탄역도 마찬가지다. SRT와 GTX-A가 연결되어 있고, 향후 수원 지하철까지 연결될 예정이다. 부산역은 KTX와 도시철도가 연결되어 있고, 향후 부산 도시철도와 가덕도 신공항 BuTX노선이 완성되면 부산권 최대의 메가허브가 될 것이다. 이처럼 아파트의 가치는 단순한 교통의 편리함을 넘어 '연결성'이 결정하고 있다. 전국 어디든 빠르게 연결되고, 다양한 교통수단으로 환승이 가능한 메가허브 역세권이 새로운 부동산 투자의 핵심이다.

무엇보다 심리적 KTX 역세권이 중요하다. 급한 출장이나 업무로 서울에 가야 할 때 KTX를 이용할지 비행기를 이용할지 고민한다면 진정한 KTX 역세권에 산다고 하기 어렵다. KTX 역세권이라면 고민 없이 KTX를 선택할 것이다. 비행기를 고려한다는 것은 KTX역까지의 접근성이 떨어진다는 뜻이다. 집에서 KTX역까지 30분 이내에 도달할 수 있고, KTX 시간표를 보고 자연스럽게 일정을 계획할 수 있어야 심리적 KTX 역세권에 부합하는 집이라고 할 수 있다. 또한 KTX 역세권의 진정한 가치는 '선택의 여유'에 있다. 서울에서 일하면서 부산에 살 수도 있고, 부산에서 일하면서 대구에 살 수도 있는 선택권이 생긴다. 이런 라이프스타일의 변화가 KTX 역세권 부동산 가치 상승의 근본 동력이다.

심리적으로 확실한 KTX 역세권 부동산에 투자해야 여러분의 자산을 지킬 수 있다. KTX 시대의 부동산 투자는 단순한 지역 개발을 넘어 국가 균형발전과 메가시티 구상과 맞물려 있다. 따라서 KTX 역세권 투자는 대한민국의 미래 도시 발전 방향에 베팅하는 것과 같다.

데이터센터와 물류센터 주변에 기회가 있다

성공의 가장 큰 적은 변화를 읽지 못하는 것이다. 투자를 시작하기도 전에 전통적인 투자처만 생각하며 망설인다면 여러분에게는 아무 일도 일어나지 않는다. 초보 투자자가 투자에 성공하기 위해서는 시대의 흐름을 읽어야 한다. 나는 트렌드를 파악하는 것이 가장 중요하다고 생각한다. 필자가 강연장에서 어디에 투자하느냐고 물어보면 다들 아파트만 이야기한다. 물론 아파트 투자도 좋지만 이제는 새로운 기회를 찾아야 한다. 데이터센터와 물류센터 주변이 바로 그런 기회다. 이 트렌드를 놓치면 큰 기회를 잃을 수 있다.

많은 사람이 부동산 투자를 할 때 전통적인 주거지역만 생각한다. 하지만 이는 큰 오해다. 이제는 산업의 변화를 읽고 새로운 기회를 찾아야 한다. 중요한 것은 미래를 내다보는 것이다. 필자가 부동산 투자에서 큰 수익을 얻은 것도 산업 트렌드를 일찍 파악했기 때문이다. 2008년 부산에 있는 아파트 분양권에 투자했다가 실패한 경험이 있지만, 그 이후로는 항상 산업의 변화를 주시하며 투자해왔다. 만약 필자가 여전히 전통적인 투자만 고집했다면 지금과 같은 성과를 거둘 수 없었을 것이다.

필자는 제4차 산업혁명과 디지털 전환이 부동산에 미치는 영향을 연구하면서, 데이터센터와 물류센터 예정지 주변에 투자해 큰 수익을 얻은 바 있다.

새로운
투자 로드맵

데이터센터와 물류센터 주변 투자 로드맵을 제시해보겠다.

첫 번째 단계는 산업 트렌드 분석이다. 투자하기 전에 최소 3개월은 데이터센터와 물류센터 산업을 공부해야 한다. 클라우드

컴퓨팅의 확산, 온라인 쇼핑의 증가, 인공지능과 빅데이터의 발전 등이 어떻게 부동산 수요를 만들어내는지 이해해야 한다. 관련 산업 보고서를 읽고, 전문가 강의를 듣고, 실제 시설을 견학해보는 것도 좋다. 이 과정에서 교육비를 투자하는 것이 좋다.

두 번째 단계는 입지분석이다. 데이터센터는 전력 공급이 안정적이고 네트워크 인프라가 잘 갖춰진 곳에 들어선다. 물류센터는 고속도로나 공항, 항만과 가까운 곳에 위치한다. 이런 조건을 만족하는 지역을 찾아야 한다. 경기도 평택, 화성, 용인, 충청남도 천안, 아산 등이 대표적이다. 특히 KT, 네이버, 카카오 등 대기업의 데이터센터가 들어서는 지역에 주목해야 한다. 아마존, 쿠팡 등의 물류센터가 들어서는 지역도 마찬가지다.

세 번째 단계는 개발계획 파악이다. 정부와 지자체의 개발계획을 면밀히 분석해야 한다. 국가산업단지나 스마트팩토리 단지 조성 계획, 물류단지 개발계획 등을 확인하자. 이런 계획이 발표되면 주변 부동산 가격에 큰 영향을 미친다. 계획 발표 전에 미리 투자할 수 있다면 큰 수익을 얻을 수 있다.

네 번째 단계는 투자 대상 선정이다. 데이터센터와 물류센터 주변에서는 다양한 투자 기회가 있다. 직원들의 주거 수요를 노린 원룸이나 오피스텔, 식당이나 편의점이 들어설 수 있는 상가, 사무용 건물 등이 모두 투자 대상이다. 특히 데이터센터의 경우

24시간 운영되므로 주변 상가의 수요가 꾸준하다. 물류센터 역시 교대근무가 많아 시간대별로 수요가 있다.

다섯 번째 단계는 타이밍을 잡는 것이다. 데이터센터나 물류센터가 들어서기 전에 투자하는 것이 가장 좋다. 다만 너무 이르면 개발이 지연되거나 취소될 위험이 있으니 건설 허가가 나고 착공이 시작된 시점이 적절하다. 이때부터 주변 부동산에 대한 관심이 높아지기 시작한다.

여섯 번째 단계는 네트워킹이다. 데이터센터와 물류센터 업계 관계자들과 네트워크를 구축하는 것이 중요하다. 이들로부터 새로운 개발계획이나 업계 동향을 미리 파악할 수 있다. 공인중개사무소나 개발업체와도 긴밀한 관계를 유지해야 한다.

데이터센터 주변 투자의 구체적인 사례를 살펴보자. 경기도 용인에 네이버 데이터센터가 들어서기 전과 후를 비교해보면 놀라운 변화를 확인할 수 있다. 데이터센터 건설 발표 전 주변 원룸의 평균 가격은 1억 원 내외였다. 하지만 데이터센터가 완공되고 운영이 시작된 후에는 단기간에 1억 5천만 원까지 올랐다. 50%의 가격 상승이다. 상가의 경우 더욱 극적이다. 편의점이나 식당과 같은 근린생활시설의 가격은 2배 이상 뛰기도 했다.

물류센터도 마찬가지다. 평택에 아마존 물류센터가 들어서면서 주변 부동산 가격이 급등했다. 특히 물류센터 근로자들을 위한 숙박시설이나 원룸의 수요가 폭증했다. 기존에 월 40만 원이던 원룸이 월 60만 원까지 오르기도 했다. 하지만 위험 요소도 있다. 데이터센터나 물류센터 계획이 취소되거나 지연될 수 있다. 또 시설이 들어선다고 해서 반드시 주변 부동산 가격이 오르는 것은 아니다. 주변 인프라나 접근성이 좋지 않으면 기대만큼 효과가 나타나지 않을 수 있다. 이런 상황에 대비해서 충분한 사전조사가 필요하다.

투자할 때 주의할 점도 있다. 첫째, 과도한 기대는 금물이다. 모든 데이터센터나 물류센터 주변이 똑같이 발전하는 것은 아니다. 둘째, 장기적인 관점에서 접근하자. 단기간에 큰 수익을 기대하기보다는 3~5년의 장기 투자로 생각해야 한다. 셋째, 분산 투자를 하자. 한 곳에만 집중하지 말고 여러 지역에 나누어 투자하는 것이 안전하다.

데이터센터와 물류센터 주변 투자가 성공하면 그다음 단계로 넘어갈 수 있다. 이 분야에서 얻은 경험과 수익을 바탕으로 더 큰 규모의 투자를 할 수 있다. 이렇게 단계적으로 규모를 키워나가는 것이 안전하고 확실한 방법이다. 처음부터 큰 투자를 하려고 하지 말고, 작은 투자부터 차근차근 시작하자.

미래 산업의 변화를 읽지 못하고 전통적인 투자만 고집한다면 큰 기회를 놓칠 수 있다. 데이터센터와 물류센터는 제4차 산업혁명 시다의 핵심 인프라다. 이 트렌드를 일찍 파악하고 투자한다면 큰 수익을 얻을 수 있다. 설사 일부 투자에서 기대만큼 수익이 나지 않더라도 새로운 산업을 이해하고 경험을 쌓는 것 자체가 큰 자산이 될 것이다. 지금 당장 데이터센터와 물류센터 주변을 조사해보자. 기회는 준비된 자에게만 온다.

소형 평수가 뜬다

왜
소형인가?

속담 중에 '용의 꼬리보다 뱀의 머리가 낫다'는 말이 있다. 이 말은 용의 꼬리가 되어 뒤꽁무니를 쫓는 것보다 뱀의 머리가 되어 앞장서는 것이 낫다는 뜻이다. 큰 단체의 꼴찌보다는 작은 단체의 우두머리가 낫다는 말로써 필자는 부동산 투자에서도 비슷한 이치가 적용된다고 본다. 하지만 1인 가구 증가라는 시대적 변화 앞에서는 이 속담을 뒤집어 생각해야 한다. 대형 평수의 꼬리보다 소형 평수의 머리가 낫다.

부동산은 수요와 공급의 싸움이다. 부동산은 말 그대로 '고정성'이란 특성을 갖고 있으며 수요의 변화가 가격에 직접적인 영향을 미친다. 1인 가구가 트렌드가 되면서 소형 평수에 대한 수요는 계속 증가할 수밖에 없다. 누구나 큰 집을 선호하지만, 1인 가구에게는 소형 평수가 더 합리적인 선택이다. 돈이 많아도 1인 가구라면 군이 큰 집에 살 필요가 없기 때문이다. 2030세대는 그래서 효율적인 소형 평수를 선호하고, 라이프스타일의 변화로 소형 평수에 대한 인식도 바뀌고 있다.

부동산 투자는 이제 소형 평수에 해야 한다. 돈이 없으면 1급지의 소형 평수를 사는 게 2급지의 대형 평수보다 낫다. 물론 투자 시기에 따라 대형 평수가 더 높은 수익률을 기록할 수도 있다. 그러나 보다 넓은 시야로 인구구조 변화를 조명하면 대형 평수가 소형 평수를 이길 수 없다는 것은 자명하다. 이건 서울의 이야기만이 아니다. 지방 소도시도 마찬가지다.

행정안전부 조사에 따르면, 대한민국 사회의 가구 형태가 급격히 변화하며 1인 가구가 1천만 세대를 넘어섰다. 2024년 말 기준 1인 가구는 전체 세대의 42%를 차지하는 것으로 나타났다. 이는 2020년 906만 세대에서 11.6% 증가한 수치로, 5년 만에 1천만 세대를 돌파한 것이다. 비단 한국뿐만 아니라 전 세계적인 트렌드다. 일본과 독일은 이미 1인 가구 비중이 과반에 가깝다. 한국도 이 흐름을 피할 수 없다.

부산에서 가장 살기 좋고 아파트 가격이 비싼 지역은 해운대구다. 하지만 해운대구에서도 소형 평수의 상승률이 대형 평수를 앞서고 있다. 1인 가구가 늘어나면서 20평대 소형 아파트에 대한 수요가 급증했기 때문이다. 이런 트렌드를 이해하지 못하고 여전히 대형 평수만 고집한다면 기회를 놓칠 수 있다. 요지는 대형 평수를 살 돈이 있어도 소형 평수의 투자 가치를 무시해선 안 된다는 이야기다.

필자도 부린이 시절 소형 평수보다 대형 평수가 훨씬 가치가 높다고 생각했다. '집은 클수록 좋다'는 기존의 통념에 사로잡혀 있었다. 실제로 소형 평수 대신 대형 평수를 택한 적도 있다. 처음에는 좋은 선택이었다고 생각했으나 시간이 지나고 보니 대형 평수보다 소형 평수 가격이 훨씬 많이 상승했다. 왜 젊은 세대가 소형 평수를 선호하는지 직접 경험해보니 알 수 있었다.

1인 가구의 주거 선호도는 기존 가족 중심의 주거 패턴과 확연히 다르다. 넓은 면적보다는 효율적인 공간 구성을 선호한다. 큰 거실과 큰 방 1개보다는 거실이 작아도 작은 방 2~3개의 독립된 공간을 좋아한다. 좀 좁더라도 방 하나는 내가 쓰고 다른 방은 드레스룸, 반려동물 방, 창고 등 다른 용도로 쓰는 것을 선호한다. 대형 평수의 복잡한 구조보다는 소형 평수의 단순하고 기능적인 구조를 선호한다. 관리비 부담이 적고, 청소나 관리가 간편하기 때문이다.

소형 평수가 대형 평수보다 경쟁력 있는 이유는 1인 가구 증가라는 거대한 트렌드에 있다. 전국의 1인 가구 비중은 계속 늘고 있다. 서울 강남에서도 1인 가구가 급증하고 있다. 결혼을 늦추거나 아예 하지 않는 경우가 늘어나면서 소형 평수에 대한 수요는 구조적으로 증가할 수밖에 없다. 이는 일시적인 현상이 아니라 장기적인 트렌드다.

1인 가구는 단순히 혼자 사는 사람을 의미하지 않는다. 라이프스타일의 변화를 의미한다. 재택근무가 늘어나면서 집에서 보내는 시간이 길어졌다. 하지만 꼭 큰 집이 필요한 것은 아니다. 효율적으로 구성된 소형 평수가 오히려 더 매력적일 수 있다. 홈카페, 홈오피스와 같은 개념이 소형 평수에서도 충분히 구현 가능하다.

부동산의 특성인 고정성과 영속성 그리고 희소성은 절대 변하지 않는 진리다. 다만 수요의 변화가 이런 특성의 상대적 가치를 바꿀 수 있다. 1인 가구가 늘어나면 소형 평수의 희소성이 더욱 부각된다. 부자가 되기 위해서는 시대의 변화에 민감해야 한다. 여러분 주변에 1인 가구는 몇 명이나 되는가? 지인 중 절반 이상이라면 당신은 이미 트렌드의 중심에 있는 것이다.

20평대 소형 아파트의 임대 수요는 매우 안정적이다. 1인 가구 뿐만 아니라 신혼부부, 사회초년생, 대학생 등 다양한 계층이 선호한다. 특히 직장과 가까운 곳에 있는 소형 평수는 항상 임차인을 구하기 쉽다. 교통비와 시간을 절약하려는 사람들이 많기 때문이다. 투자 관점에서도 소형 평수는 여러 장점이 있다. 첫째, 진입 장벽이 낮다. 대형 평수에 비해 상대적으로 적은 자금으로 투자할 수 있다. 둘째, 유동성이 좋다. 매수자가 많아 매도할 때도 쉽다. 셋째, 관리가 간편하다. 임대를 주더라도 관리할 요소가 적다.

1급지의 소형 평수가 2~3급지의 대형 평수보다 경쟁력 있는 이유는 접근성과 편의성에 있다. 1인 가구는 대중교통이 편리하고 편의시설이 가까운 곳을 선호한다. 강남의 20평대 아파트가 강북의 40평대 아파트보다 1인 가구에게는 훨씬 매력적이다. 출퇴근 시간도 절약되고 다양한 문화생활도 즐길 수 있기 때문이다.

'맹모삼천지교(孟母三遷之敎)'라는 말을 들어본 적이 있는가? 맹자의 어머니가 맹자의 교육을 위해 세 차례 이사한 데서 유래한 고사성어다. 현대의 1인 가구도 마찬가지다. 직장과 가까운 곳, 편의시설이 좋은 곳, 교통이 편리한 곳을 선호한다. 이런 조건을 만족하는 1급지의 소형 평수는 투자 가치가 높을 수밖에 없다.

실제 투자 사례를 보면 이런 트렌드가 명확하게 나타난다. 서울 강남구의 20평대 아파트는 최근 5년간 50% 이상 가격이 상승했다. 반면 같은 지역의 50평대 아파트는 30% 정도 상승에 그쳤다. 1인 가구 증가가 소형 평수 가격 상승을 이끌고 있는 것이다. 지방에서도 마찬가지 현상이 나타나고 있다. 부산, 대구, 대전 등 주요 도시에서 소형 평수의 상승률이 대형 평수를 앞서고 있다. 특히 대학가 주변이나 신도시의 소형 평수는 투자 수익률이 매우 높다.

1등은 1등을 하는 이유가 있다. 하지만 시대가 변하면 1등의 기준도 바뀐다. 과거에는 대형 평수가 1등이었지만, 이제는 소형 평수가 새로운 1등으로 떠오르고 있다. 누구나 이 변화를 받아들일 수는 없다. 변화를 빨리 감지하고 적응하는 사람이 투자에서 성공한다.

여러분은 어디에 투자할 것인가? 대형 평수인가, 소형 평수인가? 용의 꼬리보다 뱀의 머리가 낫다는 말은 이제 맞지 않다. 1인 가구 증가라는 시대적 변화 앞에서는 소형 평수의 머리가 대형 평수의 꼬리보다 낫다. 트렌드를 읽고 변화에 적응하는 투자자가 되자.

역세권만큼 중요한 도보 생활권

부동산은 역세권이 좋다는 말을 많이 들어봤을 것이다. 부동산은 움직이지 않는 고정성이란 특징을 갖고 있다. 위치가 정해지면 바뀌지 않기 때문에 접근성에 따라 부동산의 가치도 달라진다. 그런데 모든 부동산이 역세권이어야 좋은 것은 아니다. 이제는 역세권보다 생활권이 더 중요해지고 있다.

주택의 경우 왜 역세권이 좋다는 걸까? 출퇴근과 교통비 때문이다. 지하철역과 가까우면 출퇴근 시간을 단축할 수 있고 교통비도 절약할 수 있다. 역세권 아파트의 경우 대중교통 접근성이 뛰어나기 때문에 자가용 없이도 생활하는 데 불편함이 없다. 당연히 집값도 상대적으로 비싸고 임대 수요도 많다.

하지만 라이프스타일이 변하면서 역세권의 의미도 달라지고 있다. 코로나19 이후 재택근무가 늘어나면서 매일 출퇴근할 필요가 없어진 사람들이 많다. 주2~3회만 출근하는 사람에게는 역세권의 중요성이 상대적으로 떨어진다. 오히려 일상생활을 위한 편의시설이 더 중요해졌다. 참고로 역세권은 보통 지하철역에서 도보 10분 이내를 의미한다. 하지만 실제로는 지하철역에서 5분 이내와 10분 거리에 있는 부동산 가격 차이는 상당하다. 역에서 가까울수록 프리미엄이 붙는다. 역세권이라고 해서 모두 같은 조건은 아니다.

역세권이 인기가 많은 또 하나의 이유는 유동인구 때문이다. 지하철역 주변은 사람들이 많이 다니기 때문에 상가 운영에도 유리하다. 반대로 역에서 멀리 떨어진 곳은 유동인구가 적어 상가 운영이 어렵다. 하지만 이것도 상가의 종류에 따라 달라진다.

그럼 생활권은 무엇을 의미하는 걸까? 생활권이란 일상생활에 필요한 모든 편의시설이 집중된 지역을 말한다. 마트, 병원, 학교, 은행, 관공서, 문화시설 등이 도보로 접근 가능한 거리에 있는 곳이다. 특히 요즘은 배달 문화가 발달하면서 다양한 음식점이 있는 것도 중요하다.

관건은
도보 거리

생활권의 핵심은 '도보 생활권'이다. 차를 타지 않고도 걸어서 대부분의 일상생활을 해결할 수 있는 곳이 선호된다. 대형마트, 동네 병원, 약국, 카페, 음식점 등이 걸어서 10분 이내에 있으면 생활하기 매우 편리하다. 이런 곳은 특히 고령자나 차가 없는 젊은 세대에게 인기가 높다.

요식업의 경우 생활권 내에 위치하는 것이 역세권보다 더 중요할 수 있다. 예를 들어 동네 김밥집의 경우 역 앞에 있는 것보다 아파트 단지 바로 앞에 있는 것이 매출에 더 도움이 된다. 주민들이 일상적으로 이용하는 곳이기 때문이다. 반면 역 근처 김밥집은 출퇴근 시간에만 붐비고 나머지 시간에는 한산할 수 있다. 소매점도 그렇다. 편의점이나 슈퍼마켓은 역세권보다 생활권이 더 중요하다. 사람들이 지하철을 타러 가면서 편의점에 들르는 것보다, 집 근처에서 필요한 물건을 사는 경우가 훨씬 많다. 특히 야간이나 주말에는 역세권보다 생활권 상가가 더 활발하다. 이러한 여러 가지 이유로 주택은 역세권보다 생활권을, 상가는 유동인구보다 고정 고객을 확보할 수 있는 생활권을 우선시하는 것이 좋다.

생활권의 가치가 점점 높아지는 이유는 인구구조의 변화에 있다. 1인 가구가 늘어나면서 집 근처에서 모든 것을 해결하려는 사람들이 많아졌다. 요리를 하지 않는 1인 가구에게는 다양한 음식점이 중요하고 24시간 편의점과 패스트푸드점이 필수적이다. 내가 아는 한 젊은 강사는 아파트 전세를 구하는 기준이 아파트 주변에 24시간 맥도날드 점포의 유무라고 한다. 반드시 24시간 맥도날드가 있는 소형 아파트에서만 산다고 한다.

고령화도 생활권의 중요성을 높이는 요인이다. 나이가 들수록 대중교통 이용이 불편해지고, 차를 운전하기도 어려워진다. 이런 상황에서는 걸어서 모든 것을 해결할 수 있는 생활권이 훨씬 가치 있다. 실제로 고령자가 많은 지역에서는 생활권 내 부동산 가격이 더 안정적이다. 젊은 세대에게도 생활권은 중요하다. 요즘 젊은 세대는 효율성을 추구한다. 출퇴근 시간을 단축하는 것도 중요하지만, 일상생활의 편의성도 그에 못지않게 중요하다. 특히 배달 음식을 자주 시키다 보니 다양한 음식점이 있는 생활권에 매력을 느낀다.

물론 특수한 지역이나 환경에서는 그렇지 않을 수 있다. 예를 들어 강남역이나 홍대입구역과 같은 대형 상권에서는 여전히 역세권의 가치가 높다. 관광지나 특수 목적 지역에서는 역세권이 생활권보다 중요할 수 있다. 하지만 일반적인 주거지역에서는 생활권의 가치가 점점 높아지고 있다. 투자 관점에서 보면 생활권 부동산은 안정성이 높다. 역세권은 교통정책이나 노선 변경에 따라 가치가 크게 변할 수 있지만 생활권은 상대적으로 안정적이다. 사람들의 일상생활 패턴은 크게 변하지 않기 때문이다.

생활권 투자의 또 다른 장점은 진입장벽이 낮다는 것이다. 역세권 부동산은 이미 가격이 많이 올라서 투자하기 어렵다. 하지만 생활권은 아직 상대적으로 저평가된 곳이 많다. 특히 신도시나 신개발 지역에서는 생활권이 형성되면서 부동산 가치가 크게 오르는 경우가 많다. 임대 수요 측면에서도 생활권이 유리하다. 역세권은 직장인이 주로 선호하지만, 생활권은 다양한 계층이 선호한다. 신혼부부, 고령자, 1인 가구 등 다양한 임차인을 확보할 수 있다. 특히 장기 임대를 원하는 임차인이 많아 임대 운영이 안정적이다.

미래를 생각해보면 생활권의 중요성은 더욱 커질 것이다. 15분 도시(15-minute city)라는 개념이 전 세계적으로 주목받고 있다. 집에서 15분 이내에 모든 일상생활을 해결할 수 있는 도시를 만들자는 것이다. 파리, 바르셀로나 등 유럽 도시들이 이미 이런 방향으로 도시를 재편하고 있다.

한국도 이런 트렌드를 따라갈 것이다. 특히 고령화가 빠르게 진행되면서 생활권의 중요성은 더욱 커질 것이다. 지금부터 생활권에 주목하고 투자한다면 좋은 기회를 잡을 수 있다. 부동산은 개별성이 강하기 때문에 일반화할 수 없지만 일반적으로 주택은 역세권보다 생활권이, 상가는 유동인구보다 고정 고객이 많은 생활권이 좋다는 걸 알아두기 바란다. 시대가 변하면 부동산의 가치 기준도 변한다. 역세권에서 생활권으로 패러다임이 바뀌고 있다.

오피스텔 VS. 소형 아파트

오피스텔의 인기가 좋은 이유는 많은 사람이 선호하기 때문이다. 특히 1인 가구와 신혼부부가 선호하다 보니 소형 아파트에 비해 임대수익률이 높게 측정된다. 과거 오피스텔이라 하면 보통 사무용 건물에 주거 기능을 더한 복합용도 건물을 말했다. 하지만 최근에는 주거 목적으로만 사용하는 오피스텔이 대부분이다. 소형 아파트보다 규제가 적고 분양가도 상대적으로 저렴하다는 이유로 선호도가 높아지고 있다.

오피스텔의 개념은 1980년대 도심 재개발 과정에서 생겨났다. 역사가 그리 오래되지 않아서 그 개념이 시기와 지역에 따라 다르게 적용된다. 오피스텔의 사전적 의미는 '사무실과 주거가 함께 가능한 복합용도 건축물'이다. 소형 아파트보다 오피스텔이 선호되는 이유는 관리와 임대가 편하다는 조건 때문이다.

특히 서울에서는 소형 아파트보다 오피스텔을 투자 대상으로 보는 경우가 많다. 30평 이하 소형 아파트보다는 20~25평 오피스텔을 선호한다. 이유는 간단하다. 수익성 때문이다. 수도권은 임대 수요가 많고 오피스텔은 아파트에 비해 임대료가 높게 형성된다. 같은 면적이라도 오피스텔이 월세를 더 받을 수 있다.

임대수익률보다
중요해진 자산 가치

지방 광역시나 대도시에서는 대부분 소형 아파트를 선호한다. 임대수익률보다는 자산 가치 상승에 더 관심이 많고, 특히 재건축이나 재개발 가능성이 있는 지역은 소형 아파트일수록 가치가 높다. 예전에는 임대수익률이 투자 부동산의 가치를 결정했다. 월세 수익이 높은 오피스텔이 관리비가 적게 나와 인기가 좋았다. 임대 관리도 쉽고 공실 위험도 적다. 그런데 최근에는 임대수익률보다 자산 가치 상승 가능성이 중요한 요인으로 각광받고 있다. 예를 들어 재건축 대상인 소형 아파트가 신축 오피스텔보다 훨씬 비싸게 거래된다. 개발 호재가 있는 소형 아파트 역시 오피스텔보다 가격이 비싸다.

임대수익률에서 자산 가치로 트렌드가 바뀐 이유는 무엇일까? 부동산 가격이 크게 오르면서 임대수익률만으로는 투자 메리트가 부족해졌기 때문이다. 사람들의 투자 성향이 안정성보다는 수익성을 추구하는 방향으로 바뀌고 있다. 시세차익 쪽으로 저울이 기운 것이다. 임대수익은 매월 정해진 금액이지만, 시세차익은 못해도 수십 퍼센트의 수익을 가져다준다.

2026년은 부동산 시장에 큰 변화가 예상되는 해다. 현재 정부가 추진하고 있는 부동산 세제 개편안이 본격적으로 시행될 예정이기 때문이다. 특히 다주택자에 대한 보유세인 재산세와 종합부동산세가 확대될 것으로 전망된다. 이런 변화는 오피스텔과 소형 아파트 투자 매력도에 직접적인 영향을 미칠 것이다.

오피스텔의 경우 상업용 부동산으로 분류되어 주택 관련 규제에서 상대적으로 자유롭다. 다주택 보유세나 양도소득세 중과세 대상에서 제외되는 경우가 많다. 2026년 세제 개편이 시행되면 이런 장점이 더욱 부각될 것이다. 반면 소형 아파트는 아무리 작아도 아파트이기 때문에 각종 규제의 대상이 된다. 하지만

2026년에 또 다른 변화 요인이 있다. 바로 금리 정책의 변화다. 2026년에는 보다 본격적으로 금리가 하락할 가능성이 높다. 금리가 내려가면 부동산 투자심리가 회복되고, 이는 자산 가치 상승으로 이어질 수 있다. 이러한 상황에서는 오피스텔보다는 소형 아파트가 더 큰 혜택을 받을 가능성이 높다.

앞으로 부동산 시장을 좌우할 가장 큰 요인은 인구구조의 변화다. 1인 가구 비중은 계속 늘어나고 있어 곧 과반에 가까워질 것으로 예상된다. 이는 소형 주거에 대한 수요 증가를 의미한다. 하지만 1인 가구라고 해서 모두 오피스텔을 선호하는 것은 아니다. 최근 1인 가구의 주거 선호도를 보면 흥미로운 변화가 나타나고 있다. 2020년대 초반까지는 편리함과 관리의 용이성 때문에 오피스텔을 선호했지만, 최근에는 자산 가치를 중시하는 1인 가구가 늘어나고 있다. 특히 30대 이상 1인 가구의 경우 임대료보다는 내 집 마련에 관심이 많다. 이들에게는 오피스텔보다 소형 아파트가 더 매력적이다.

재택근무의 확산으로 주거 공간에 대한 인식도 바뀌고 있다. 단순히 잠만 자는 공간이 아니라 일과 생활이 함께 이루어지는 공간으로 인식이 변하면서, 오피스텔의 획일적인 구조보다는 소형 아파트의 다양한 평면을 선호하는 경우가 늘어나고 있다.

미래를 준비하는
투자자의 선택

그럼 앞으로 어느 쪽이 유리할까? 단기적인 임대수익을 추구한다면 여전히 오피스텔이 유리하다. 1인 가구 증가와 규제 완화라는 2가지 호재가 지속될 것이기 때문이다. 특히 역세권이나 업무지구 인근의 오피스텔은 공실 위험이 거의 없다. 관리도 쉽고 세제 혜택도 있어 다주택 투자자들에게 여전히 매력적인 투자처다. 하지만 중장기적인 자산 가치 상승을 노린다면 소형 아파트가 더 유리할 것이다. 앞으로 예상되는 금리 하락과 부동산 시장 회복은 아파트에게 더 큰 혜택을 줄 것이다. 또한 재건축이나 재개발 호재가 있는 소형 아파트는 수년 안에 큰 수익을 낼 수도 있다.

지역별로도 차이가 있을 것이다. 서울 강남이나 여의도와 같은 프리미엄 지역에서는 소형 아파트가 압도적으로 유리하다. 희소성과 브랜드 가치 때문이다. 반면 신도시나 외곽 지역에서는 오피스텔이 더 나은 선택일 수 있다. 임대 수요가 많고 관리가 쉽기 때문이다.

2026년 이후를 내다보면 더욱 명확해진다. 우리나라는 초고령사회에 진입해 인구가 계속 감소하고 있다. 이런 상황에서 부동산의 가치는 입지와 희소성에 의해 결정될 것이다. 아무리 편리한 오피스텔이라도 가치 하락을 피하기 어렵다. 반면 좋은 입지의 소형 아파트는 상대적으로 가치를 유지할 가능성이 높다.

또 정부의 주택 공급도 고려해야 한다. 현재 정부는 주택 공급 확대를 위해 다양한 정책을 추진하고 있다. 이 중 상당 부분이 소형 아파트 공급에 집중되어 있다. 장기적으로는 소형 아파트의 공급이 늘어나겠지만, 기존 소형 아파트의 가치가 하락하지는 않을 것이다. 오히려 구축 소형 아파트는 재건축 대상이 되어 더 큰 가치를 가질 수 있다.

결론적으로 투자 목적과 투자 기간에 따라 승패는 갈릴 것이다. 단기 수익을 원한다면 오피스텔이, 장기 투자를 원한다면 소형 아파트가 유리하다. 하지만 부동산 투자의 본질은 장기 투자에 있다. 인구구조 변화, 금리 정책, 정부 정책 등을 종합적으로 고려할 때 2026년부터는 소형 아파트가 더 유리할 것으로 보인다.

여러분은 어디에 투자하고 싶은가? 트렌드를 읽고 미래를 준비하는 투자자가 되어야 한다. 2026년은 부동산 시장의 큰 전환점이 될 것이다. 지금부터 준비하는 투자자가 승자가 될 것이다.

지방 중소도시에서 숨겨진 보석 찾기

'숨겨진 보석'이란 '아직 주목받지 못했지만 큰 가치를 지닌 것'이라는 뜻으로 부동산 투자에서는 저평가된 우량 물건을 뜻한다. 지방 중소도시의 숨겨진 보석은 전세가 비율과 매매가가 상대적으로 저렴하다. 지방 중소도시에는 아직 발굴되지 않은 투자 기회가 많다.

종잣돈이 부족하다면 치열한 경쟁으로 수익률이 낮아진 수도권에서 벗어나 지방 중소도시로 눈을 돌려야 한다. 지방 중소도시의 경우 같은 돈으로도 핵심 입지보다 훨씬 좋은 조건의 부동산을 살 수 있다. 사람은 누구나 효율적인 것을 선호한다. 투자 효율성을 높이는 물건은 수요가 반드시 있기 마련이다.

지방 중소도시의 가치는
특색이 결정한다

지역 선택에 있어 가장 큰 고민은 미래 발전성일 것이다. 인구가 지속적으로 유입되고, 산업 기반이 튼튼하다면 중소도시라고 해도 수도권 부럽지 않다. 특히 지방 부동산 가격은 지역 특색과 발전 가능성에 따라 달라진다. 괜히 '핫플레이스'라는 말이 있는 게 아니다. 핫플레이스의 사전적 의미는 '사람들이 많이 찾고 주목받는 장소나 지역'을 일컫는다. 특히 대학교나 산업단지, 관광지가 있는 지방 중소도시의 경우 투자 매력도가 대단히 높다. 실제 안정적인 인구 유입이 있고, 고용 창출이 활발하고, 지역 경제가 활성화된 곳은 매매가격과 전세가격이 꾸준히 상승한다.

예를 들어 경상남도 창원시는 인기 주거지역을 중심으로 아파트 매매가가 꾸준히 상승해왔다. 특히 성산구 등 일부 지역에서는 연일 신고가를 돌파하는 등 지방 도시 가운데서도 눈에 띄는 상승세를 보인 바 있다. 창원국가산업단지와 마산자유무역지역이 있는 제조업 중심 도시이자 경남도청 소재지였기 때문이다. 창원대학교를 비롯해 여러 대학이 있어 학세권도 형성되어 있다. 특히 수도권과의 접근성도 좋아 KTX로 서울까지 3시간이면 도달할 수 있다.

이처럼 지방 중소도시의 가격은 지역 특색과 교통 접근성의 영향을 받는다. 이뿐만 아니라 도시의 규모도 중요하다. 인구 몇만 도시에 투자했느냐에 따라 임대가 수월할 수도 있고 매매가 잘될 수도 있다. 자본금 대비 효율을 생각한다면 본인이 수도권에 살아도 투자는 지방 중소도시 위주로 하는 것이 좋다. 지방 중소도시 아파트는 사회초년생이나 신혼부부도 충분히 투자할 수 있을 만큼 가성비가 좋다.

인구가 줄어들고 수도권 집중이 가속화되고 있지만 모든 지방 도시가 쇠퇴하는 것은 아니다. 일부 지역은 수도권 인접성, 신도시 개발, 양호한 정주 여건 등으로 인구가 증가하거나 감소세가 둔화되는 모습을 보이고 있다. 특히 혁신도시나 기업도시, 대학도시는 지속적인 성장세를 보이고 있다.

소액 부동산 투자자라면 이 중 평형은 20~30평대, 가격은 1억~2억 원대가 가장 적당하다. 이 가격대가 수요층이 가장 두텁고 접근성이 좋기 때문이다.

필자는 10여 년 전부터 지방에 있는 대학도시, 산업도시, 관광

도시, 교통 요충지에 지속적으로 투자해왔다. 지금도 1억 원에서 2억 원 사이의 지방 부동산 투자를 이어오고 있다. 결론부터 말하면 지금껏 한 번도 크게 실패해본 적이 없다. 시세차익을 많이 남긴 물건도 있고 적게 남긴 물건도 있지만 결국엔 돈을 벌었다.

특히 대학이 있는 도시는 안정적인 임대 수요가 보장된다. 학생뿐만 아니라 교직원, 대학 관련 종사자의 주거 수요가 꾸준하기 때문이다. 특히 국립대학이나 유명 사립대학이 있는 도시는 더욱 매력적이다. 실제로 전북 전주시의 전북대학교, 강원도 춘천시의 강원대학교, 경북 경산시의 영남대학교 등 주요 대학 주변 부동산은 투자 가치를 인정받고 있다.

제조업이나 첨단산업이 발달한 도시 또한 눈여겨봐야 한다. 정규직 근로자가 많아 장기 임대가 가능하고, 소득 수준도 상대적으로 높다. 경남 거제시의 조선업, 전남 여수시의 석유화학업, 경북 구미시의 전자산업 등이 대표적이다. 이런 도시는 경기 변동에 따른 부침은 있지만 기본적인 주거 수요는 안정적인 편이다.

관광자원이 풍부한 도시도 투자 기회가 있다. 펜션이나 게스트하우스 등 숙박업 수요가 있다. 관광객 증가로 인한 지역 경제 활성화 효과도 기대할 수 있다. 강원도 강릉시, 제주도, 경주시 등이 대표적이다. 다만 관광업 특성상 계절적 변동이나 외부 요인에 영향을 받을 수 있어 신중한 접근이 필요하다.

지방 도시에서 가장 중요한 것은 역시 교통이다. KTX역이나 고속도로 IC가 있는 도시는 접근성이 뛰어나다. 수도권과의 연결성이 좋아 인구 유입 가능성이 높다. 충남 천안시, 전남 목포시, 경북 동대구 등이 이에 해당한다. 교통 인프라가 개선되면 부동산 가치도 함께 상승하는 경우가 많다.

대학도시, 산업도시, 관광도시, 교통 요충지 중 요건을 충족하는 매매가 1억~2억 원 정도의 물건이 가장 좋다. 물론 지역에 따라 이런 물건을 찾기 어려울 수 있다. 그러나 조금만 발품을 팔고 조사해보면 좋은 기회를 얼마든지 찾을 수 있다.

물론 주의할 점도 있다. 첫째, 인구 변화 추이를 반드시 확인해야 한다. 아무리 좋은 조건이라도 인구가 지속적으로 감소하는 지역은 피해야 한다. 사실 우리나라 대부분의 도시가 인구가 감소하는 추세지만 그중에서 인구 감소 추세가 약하거나 증가하는 구군이 있다. 그곳을 공략해야한다. 둘째, 지역 경제의 의존도를 파악해야 한다. 특정 기업이나 산업에 지나치게 의존하는 지역은 위험할 수 있다. 셋째, 교통 접근성을 고려해야 한다. 수도권이나 인근 광역시와의 접근성이 좋은 곳을 선택해야 한다. 넷째, 지방 투자의 특성상 직접 관리가 어려울 수 있다. 이런 경우 현지 부동산 전문가나 관리업체와 네트워크를 구축하는 것이 중요하다. 임대관리업체를 활용하거나, 신뢰할 수 있는 현지 파트너를 찾아야 한다.

다시 한번 강조하지만 지방 중소도시 부동산은 수도권 부동산 경기가 좋지 않을 때 더 빛을 발한다. 수도권 부동산은 경기를 크게 타지 않고, 상대적으로 안정적인 수익률을 보장한다. 그러나 대부분의 부린이는 수도권 부동산에 투자할 여력이 없다. 돈도 없고 대출도 어렵다. 그렇다고 적금만으로 계속 은행만 배부르게 할 수는 없다. 수도권 부동산 투자가 어렵다면 지방 중소도시 부동산 투자로 종잣돈을 불려야 한다.

부동산 투자는 수도권에서만 해야 하는 것이 아니다. 오히려 지방 중소도시가 더 좋은 투자 기회를 제공할 수 있다. 특별한 악재 없이 그냥 관심이 적어서 저평가된 지방 부동산이라면 반드시 재평가되는 때가 온다. 부동산은 우리가 생활하는 데 있어 필요한 '의식주' 중에서 '주'에 해당한다. 집 없이는 살 수 없기 때문에 필수재화에 해당한다. 필수재화는 물가상승률만큼은 오른다. 지방이라고 해서 예외는 아니다. 내재가치가 뛰어난 지방 중소도시 부동산은 긴 안목으로 보면 천천히 우상향한다.

종목별 빅데이터 투자 노하우

부동산 투자를 하는 이유는 무엇인가? 혹은 왜 부동산 투자를 시작하려고 하는가? 필자는 노후 자금을 마련하기 위해 부동산에 투자하고 있다. 현재보다는 미래의 이익을 위해 투자한다. 물론 단기 차익을 남기기 위해 투자하는 투자자도 많다. 하지만 단기간에 큰 수익을 노리는 투자는 그만큼 리스크가 높다. 부동산 가격이 상승하는 데는 시간이 필요하다. 부동산뿐만 아니라 모든 투자는 시간이 필요하다. 이는 만고의 진리다. 오늘 투자하고 내일 수익을 바란다면 그건 투자가 아니라 투기다.

요즘은 빅데이터 시대다. 부동산 투자에서도 데이터 분석이 필수가 되었다. 과거에는 발품을 팔아서 얻은 정보와 감에 의존했다면, 이제는 정확한 데이터를 바탕으로 합리적인 판단을 내려야 한다. 그러니 어떤 종목에 투자하든 데이터 분석을 통해 안전하게 긴 안목으로 장기 투자하길 바란다.

빅데이터
활용하기

먼저 단독주택의 경우 개발 허가 데이터를 분석해야 한다. 가격이 저렴하다고 역세권이 아닌 외진 곳에 있는 주택을 사면 안 된다. 이제는 지자체 도시계획포털에서 도시계획 정보, 지구단위계획 현황, 개발제한구역 현황 등을 실시간으로 확인할 수 있다. 국토교통부 토지이용계획확인원을 통해 해당 토지의 개발 가능성을 미리 파악하는 것이 중요하다.

단독주택 투자 시 빅데이터 활용 포인트는 다음과 같다. 첫째, 건축행정시스템 세움터(www.eais.go.kr)에서 주변 지역의 건축 허가 현황을 분석한다. 최근 3년간 다가구주택이나 다세대주택 건축 허가가 많이 난 지역이 투자 대상이다. 둘째, 부동산거래관리

시스템(rtms.molit.go.kr)에서 단독주택 거래 데이터를 분석해 가격 상승률을 확인한다. 셋째, 국토교통부와 국토지리정보원이 제공하는 브이월드(www.vworld.kr)에서 6m 이상 도로접도 현황을 확인한다.

구체적인 투자 조건은 기존과 동일하다. 단층 주택보다는 2층 이상 다가구주택(활용성 높음), 대지면적 50평 이상(빌라로 전환 유리), 6m 소방도로 접도(공동주택 개발 가능), 도시가스 설치(임대 유리), 주차 가능(임대 유리), 남향(임대 유리) 등이다. 이런 조건을 이제는 온라인 데이터로 미리 검증할 수 있게 되었다.

두 번째는 빌라 투자다. 빌라는 대단지 신축 아파트 근처에 위치한 물건에 투자해야 한다. 이제는 통계청 인구주택총조사 데이터를 통해 지역별 1인 가구 비율, 연령대별 인구 분포, 주택 유형별 거주 현황을 정확히 파악할 수 있다. 또 국토교통부 전월세 신고제 데이터를 통해 해당 지역의 임대 시세와 공실률을 실시간으로 확인할 수 있다.

빅데이터 활용법은 다음과 같다. 첫째, 여러 부동산 플랫폼의 실거래가 데이터를 통해 주변 아파트 대비 빌라 가격 수준을 분석한다. 둘째, 부동산 플랫폼에서 해당 지역 빌라의 임대 공급량과 임대료 수준을 모니터링한다. 셋째, 지역별 생활 인프라 현황을 공공데이터포털(www.data.go.kr)에서 확인한다.

투자 조건으로는 3층 이하(엘리베이터가 없는 빌라의 경우), 20평대 방 3개(수요층 가장 많음), 1억~2억 원 이하(소형 구축 아파트 이하 가격), 완전 주차장(100% 주차 가능), 남향(임대 유리) 등이다. 여기에 두터운 수요층이 있는지 여부를 데이터로 검증해 최종 결정을 내려야 한다.

아파트는 거래량 패턴 분석이 중요하다. 부동산 거래 빅데이터를 통해 해당 아파트의 과거 거래 패턴, 가격 변동성, 거래량 추이를 정확히 분석할 수 있다. 국토교통부 실거래가공개시스템(rt. molit.go.kr)과 한국부동산원(www.reb.or.kr) 데이터를 활용하면 더욱 정교한 분석이 가능하다.

아파트 빅데이터 분석법은 다음과 같다. 첫째, 부동산 빅데이터 플랫폼에서 해당 아파트의 평당 단가 변화 추이를 3~5년 단위로 분석한다. 둘째, 같은 단지 내에서도 평형별, 층별 가격 차이 패턴을 파악한다. 셋째, 주변 경쟁 단지와의 가격 격차 변화를 모니터링한다. 넷째, 전세가율 변화를 통해 해당 지역의 임대 수요 강도를 측정한다.

소형 아파트 투자 조건은 매매가 1억~3억 원 사이(지방 소형 구축 아파트 위주), 방 3개 20평대(임대 유리), 구축 500세대 이상(거래량 많은 아파트), 투자액 5천만 원 이하(레버리지 투자), 학세권(임대 유리) 등이다. 빅데이터를 통해 이런 조건을 만족하면서도 상승 잠

재력이 높은 물건을 찾을 수 있다.

다음으로 재개발·재건축의 경우 사업성 데이터를 분석해야 한다. 재개발·재건축 투자로 일확천금을 노리는 투자자가 많다. 이제는 각 지자체의 정비사업 현황 시스템을 통해 사업 진행 단계, 조합 설립 현황, 사업시행인가 여부 등을 실시간으로 확인할 수 있다. 또 서울시 등 일부 지자체에서는 정비사업 통계 데이터를 공개하고 있어 성공률을 미리 계산할 수 있다.

빅데이터 활용 전략은 다음과 같다. 첫째, 해당 지역의 과거 재개발·재건축 사업 성공률과 소요 기간을 분석한다. 둘째, 용적률 상향 가능성을 도시계획 데이터로 검증한다. 셋째, 주변 신규 분양 아파트의 분양가와 비교해 사업성을 계산한다. 넷째, 교통영향평가, 환경영향평가 등 인허가 관련 데이터를 확인한다.

투자 조건으로는 역세권 위치, 대지지분(최소 15평 이상)과 용적률 수준(낮을수록 좋음), 25~30년 연한(투자하기 좋은 연식), 1천 세대 내외(정비사업 가장 유망) 등이다. 빅데이터를 통해 이런 조건을 객관적으로 검증할 수 있다.

다음으로 신도시 아파트는 분양 성과 데이터가 중요하다. 신도시 투자는 불패 신화라는 말이 있다. 이제는 한국부동산원 주택청약(applyhome.co.kr), LH청약플러스(apply.lh.or.kr) 등에서 전국 신도시 분양 현황, 분양률, 평균 분양가 등을 실시간으로 확인할 수 있다. 또 신도시별 교통과 생활 인프라 계획 등도 공개되어 있어 미리 투자 가치를 판단할 수 있다.

신도시 빅데이터 분석법은 다음과 같다. 첫째, 해당 신도시의 과거 분양 단지들의 입주 후 가격 상승률을 분석한다. 둘째, 신도시 내 상업지구와 업무지구 개발계획을 확인해 미래 가치를 예측한다. 셋째, 광역 교통망 개통 일정과 소요 시간 단축 효과를 데이터로 검증한다. 넷째, 신도시별 인구 유입 계획과 실제 입주 현황을 비교 분석한다.

중요한 포인트는 되도록 첫 번째로 분양되는 아파트(분양가가 제일 저렴하고 위치가 제일 좋음)에 투자하는 것이다. 신도시 아파트 투자는 소위 "장화 신고 들어가서 구두 신고 나온다"라고 할 정도로 성공할 확률이 높다. 빅데이터를 통해 이런 분석이 더욱 정교해졌다.

아파트 분양권 역시 빅데이터 분석 대상이다. 부동산 경기가 좋을 때는 아파트 분양권만큼 투자하기 좋은 상품도 없다. 이제는 한국부동산원(www.reb.or.kr)의 분양권 전매 데이터와 입주 예정 물량 데이터를 통해 분양권 투자 리스크를 미리 계산할 수 있다. 특히 지역별 입주물량 통계를 통해 분양권 투자 시점을 정교하게 조절할 수 있다.

분양권 빅데이터 전략은 다음과 같다. 첫째, 해당 지역의 향후

3년간 입주 예정 물량을 월별로 분석한다. 둘째, 분양권 전매 시세 변화를 실시간으로 모니터링한다. 셋째, 동일 지역 기존 아파트의 전세가율 변화 패턴을 분석해 입주 시점 전세가를 예측한다. 넷째, 분양권 거래량 데이터를 통해 시장이 과열 상태인지 아닌지 여부를 판단한다.

핵심은 여전히 입주 시 분양가와 전세가가 최대한 비슷해지는 아파트(잔금 시 필요 자금 최소화)에 투자하는 것이다. 그리고 입주 시 입주물량이 적은 지역을 선택하는 것이 중요하다. 아파트 공급 물량은 전세가와 매매가에 영향을 미친다. 이제는 빅데이터로 이를 비교적 정확히 예측할 수 있다.

상가 투자의 핵심은 상권분석과 유동인구 파악에 있다. 이제는 통신사 자료, 카드 결제 데이터, 배달 앱 주문 데이터 등을 통해 실시간 유동인구와 매출 규모를 상세히 파악할 수 있다. 서울시 상권분석 서비스(golmok.seoul.go.kr), 소상공인365(bigdata.sbiz. or.kr) 등에서 다양한 데이터를 제공한다.

상가 빅데이터 활용법은 다음과 같다. 첫째, 해당 상권의 시간 대별, 요일별, 계절별 유동인구 패턴을 분석한다. 둘째, 업종별 매출 데이터를 통해 어떤 업종이 해당 상권에 적합한지 파악한다. 셋째, 주변 경쟁 상권과의 상대적 경쟁력을 데이터로 비교한다. 넷째, 프랜차이즈 입점 현황과 폐점률 데이터를 분석한다.

스타벅스 매장 주변이 여전히 좋은 투자처라는 것은 이제 데이터로도 증명되고 있다. 하지만 수익률보다는 입지와 상권 데이터 분석이 더 중요하다. 빅데이터를 통해 상권의 생명력과 지속가능성을 객관적으로 평가할 수 있다. 그리고 상가 주변에 노점상이 있는 상권은 좋은 상권이다. 노점상이 있다는 것은 유동인구가 많다는 뜻이기 때문이다. 다만 상권은 고정적·영속적이지 않고 유동적이라는 것을 꼭 기억해야 한다.

부동산 경매는 법원에서 압류한 부동산을 경매하는 강제 집행 행위다. 이제는 법원경매정보(www.courtauction.go.kr)에서 전국 경매 통계를 실시간으로 확인할 수 있다. 지역별, 물건 유형별 낙찰률과 낙찰가율 데이터를 통해 경매 시장의 온도를 정확히 측정할 수 있다.

경매 빅데이터 분석법은 다음과 같다. 첫째, 해당 지역의 월별 경매 물건 수와 낙찰률 변화를 추적한다. 둘째, 물건 유형별 낙찰가율 패턴을 분석한다. 셋째, 경매 시장과 일반 매매 시장의 가격 차이 변화를 모니터링한다. 넷째, 권리분석 관련 데이터(임차인 현황, 선순위 채권 등)를 체계적으로 분석 한다.

부동산 투자는 이제 빅데이터 없이는 성공하기 어려운 시대가 되었다. 하지만 데이터에만 의존해서는 안 된다. 데이터는 과거와 현재를 보여주지만 투자는 미래에 대한 것이기 때문이다. 데이터 분석을 통해 리스크를 줄이고 성공 확률을 높이되 최종 판단은 투자자의 안목과 경험에 달려 있다. 빅데이터를 현명하게 활용해 더 나은 부동산 투자 결과를 얻기 바란다.

발품보다 데이터가 먼저다

필자는 부산에 있는 제대로 부동산 아카데미에서 강의를 하고 있다. 회원 수는 1,600명이 넘고, 오프라인 강의를 꾸준히 듣는 사람도 300명이 넘는다. 그런데 회원 중 대다수는 안타깝게도 아직까지 부동산 투자에 성공하지 못했다. 왜냐하면 투자는 하지 않고 강의만 듣기 때문이다. 더 정확히 말하면 무작정 발품만 팔며 돌아다니기 때문이다.

시간과 에너지는 계속 투입되는데, 정작 투자 결정은 계속 뒤로 미뤄진다. 실패에 대한 두려움이 행동을 막고 준비만 하다 끝나는 악순환에 빠지는 것이다. 악순환을 끊기 위해 필요한 것은 더 많은 발품이 아니라, 판단 기준을 바꾸는 것이다. 등기부등본에 이름을 올리는 것도 중요하지만, 그보다 먼저 데이터 분석을 통해 성공 확률을 높여야 한다. 성공하든 실패하든 실천 없이는 아무 일도 일어나지 않지만, 데이터 없는 실천은 도박과 다르지 않다.

예전에는 부동산 투자가 발품 위주였다. 직접 현장을 돌아다니며 정보를 수집하고, 공인중개사와 인맥을 쌓고, 현지 사정을 파악하는 것이 전부였다. 하지만 이제는 시대가 바뀌었다. 스마트폰과 인터넷을 통해 언제 어디서나 부동산 데이터에 접근할 수 있게 되었다. 국토교통부 실거래가공개시스템, 한국부동산원 부동산통계정보시스템, 각종 부동산 플랫폼의 빅데이터까지 수많은 정보를 활용할 수 있는 시대다.

물론 발품이 아예 필요 없다는 것은 아니다. 하지만 무작정 발품부터 팔기보다는 데이터 분석을 통해 투자 대상을 좁힌 후 발품을 파는 것이 훨씬 효율적이다. 예를 들어 전국 수백 가지 지역을 데이터 분석을 통해 5~10개 지역으로 압축한 뒤, 해당 지역만 집중적으로 답사한다면 효율적인 임장이 가능하다.

지역을 분석하고, 입주물량을 파악하고, 매수 및 매도 타이밍을 분석하는 모든 과정에서 데이터를 활용해야 한다. 첫째, 통계청 인구 데이터를 통해 해당 지역의 인구 증감 추이를 확인한다. 인구가 지속적으로 감소하는 지역은 아무리 현장이 좋아 보여도 피해야 한다. 반대로 인구가 꾸준히 증가하거나 감소세가 둔화된 지역은 투자 가치가 높다. 둘째, 한국부동산원의 아파트 공급 통계, 국토교통부 건축 허가 현황 등을 통해 향후 2~3년간 공급 예정 물량을 파악한다. 공급 과잉이 예상되는 지역은 피하고, 공급 부족이 예상되는 지역을 찾아낸다. 셋째, 각종 부동산 가격 지수, 거래량 통계, 전세가율 변화 등을 종합 분석해 시장의 바닥과 천장을 예측한다. 감정이나 추측이 아닌 객관적 데이터에 근거해 투자 시점을 결정한다.

효율적인 부동산 투자는 감(感)이 아니라 체계적인 데이터 분석에서 출발한다. 빅데이터를 활용한 부동산 투자 프로세스는 크게 세 단계로 나눌 수 있다. 전체 과정의 약 70%는 온라인 데이터를 통해 거시적인 흐름을 읽는 데 집중한다. 전국 단위의 인구, 소득, 산업구조, 가격 흐름 등 거시 데이터를 먼저 분석하고, 이를 바탕으로 지역별 장단점을 비교한다. 이 과정을 통해 투자 가능성이 있는 지역을 5~10곳 정도로 압축하는 것이 1단계다.

다음 단계는 보다 정밀한 분석 과정으로, 전체의 약 20%를 차지한다. 1단계에서 추린 후보 지역을 대상으로 미시 데이터를 살펴본다. 실제 거래량, 가격 추이, 공급물량, 임대 수요 등 보다 구체적인 지표를 분석하고, 이를 토대로 투자할 만한 개별 물건을 찾는다. 이러한 과정을 거쳐 최종적으로 1~2곳의 투자 후보를 선정한다.

마지막 단계는 전체의 약 10%에 해당하는 현장 확인이다. 아무리 데이터가 좋아도 직접 눈으로 확인하지 않으면 놓치는 요소가 생길 수 있다. 최종 후보지를 직접 방문해 주변 환경, 생활 인프라, 접근성, 향후 개발 가능성 등을 점검한 뒤 투자 여부를 결정한다. 이처럼 온라인 데이터 분석을 중심으로 하고, 현장 확인은 최소화하는 것이 빅데이터 기반 부동산 투자의 핵심이다.

물론 데이터가 만능은 아니다. 데이터는 과거와 현재를 보여주지만, 투자는 미래에 대한 것이기 때문이다. 또한 데이터에 나타나지 않는 정성적 요소들도 있다. 지역 주민들의 정서, 지자체장의 의지, 예상치 못한 호재나 악재 등은 데이터로 파악하기 어렵다. 따라서 데이터 분석을 기본으로 하되, 최종 단계에서는 현장 확인과 전문가 의견을 들어보는 것이 좋다. 하지만 순서는 분명히 데이터가 먼저여야 한다. 데이터 분석 없이 무작정 현장부터 나가는 것은 비효율적이다.

그렇다고 해서 데이터 분석만 하고 투자는 하지 않으면 안 된다. 주식은 잘못 투자하면 휴지조각이 될 수 있지만 부동산은 그렇지 않다. 실패해도 토지와 건물은 남는다. 투자한 종목이 주택이라면 그냥 들어가서 사는 것도 한 방법이다. 상가, 토지는 리스크가 크다. 어느 정도 내공이 있는 고수들의 영역이다. 반면 주택은 비교적 안전하고 실패할 확률이 적다. 일단 소액 부동산, 그중에서도 주택에 투자함으로써 경험을 쌓고 그다음에 분양권, 상가, 토지 등을 노려도 늦지 않다.

과거의 부린이는 무작정 발품을 팔며 경험을 쌓아야 했다. 하지만 이제는 다르다. 데이터 분석 능력을 갖춘 스마트한 부린이가 되어야 한다. 데이터를 제대로 활용하면 10년 경력의 베테랑보다도 더 정확한 판단을 내릴 수 있다.

누누이 강조하지만 발품을 100번 파는 것보다 데이터 분석 1번이 훨씬 낫다. 물론 데이터 분석에 그치지 않고 최종적으로는 투자를 실행해야 한다. 시작이 반이라 했다. 천 리 길도 한 걸음부터라는 것을 잊지 말고, 데이터 기반의 스마트한 투자로 차근차근 도전해보기 바란다. 변화에 적응하는 투자자만이 살아남을 수 있다. 여러분도 스마트한 부린이가 되어 성공적인 부동산 투자를 시작하기 바란다.

소액 부동산 투자자라면 기존과 다른 접근이 필요하다. 수도권 대형 분양보다는 지방 중소도시의 차별화된 분양에 주목해야 한다. 특히 대학도시, 산업도시, 교통 요충지의 분양권이 유망하다. 이런 지역은 분양가가 상대적으로 저렴하면서도 안정적인 수요가 보장된다.

4장

소액 부동산 투자자가 꼭 알아야 할 황금 기준

분양권 투자의 새로운 패러다임

사람들은 누구나 깨끗한 신축 아파트에 살기를 원한다. 신축 아파트를 사기 위해 열심히 돈을 모은다. 신축 아파트가 구축 아파트보다 살기 좋으니 인기도 많다. 필자가 어릴 때만 해도 대부분 단독주택에 살았다. 그때는 고층 아파트가 거의 없었기 때문에 5층짜리 맨션에 사는 친구가 부러웠다. 10층 정도 되는 아파트에 사는 친구는 부자 소리를 들었다. 아파트는 단독주택과 달리 여름에 시원하고 겨울에 따뜻했다. 단독주택은 겨울에 웃풍으로 방 안의 공기가 차갑고, 머리라도 감으려고 하면 두통을 인내해야 했다.

많은 사람에게 아파트는 '언젠가는 반드시 가져야 할 자산'이었다. 신축 아파트 분양은 곧 기회였고, 분양권은 선망의 대상이자 돈이 되는 투자 수단이었다.

하지만 이제 아파트 분양권 투자환경이 완전히 바뀌었다. 과거의 분양권 투자 패러다임으로는 더 이상 성공하기 어려운 시대가 되었다. 새로운 시각과 전략이 필요해졌다. 2017~2022년에는 신축 아파트가 뚜렷한 강세를 보였다. 문재인 정부 들어 재건축 규제가 강화되면서 30년 넘은 구축 아파트보다 신축 아파트를 선호하는 현상이 뚜렷해진 것이다. 2022년 이후 윤석열 정부에서는 재건축 규제 완화 기조를 내비치면서 잠시 그 간극이 좁혀졌다. 그러다 2025년 이재명 정부가 들어서면서 고강도 대출 규제로 인해 신축과 구축, 그리고 핵심 입지와 나머지 지역 간 양극화 현상이 심화되고 있다.

실제로 2025년 서울 아파트 가격 상승률은 19년 만에 가장 가팔랐지만, 핵심 입지를 제외한 일부 지역 집값은 지지부진했다. 서울 집값 폭등을 이끈 건 소수의 한강벨트 지역이었다. KB부동산에 따르면 2025년 한 해 동안 아파트 매매가격지수(2022년 1월 기준 100p)의 상승폭이 가장 큰 곳은 송파구로 2024년 12월 99.9p에서 2025년 12월 123.9p로 24p나 올랐다. 성동구는 같은 기간 지수가 97.8p에서 120.3p로 22.5p 높아졌다. 상승률로 환산하면 연간 송파구는 24%, 성동구는 23% 오른 셈이다. 강남구(21.9p), 광진구(20.5p)도 20p 이상 상승했다. 그럼 서울 25개 자치구 중 12곳(강북·노원·도봉·동대문·서대문·성북·은평·중랑·강서·관악·구로·금천구)은 어떨까? 이들의 2025년 12월 아파트 매매가격지수는 모두 100 미만이었다. 12개 자치구의 아파트 가격이 4년 전보다도 낮다는 뜻이다.

정부의 부동산 정책을 정확히 읽어야 투자의 길이 보인다. 부동산 투자로 돈을 벌기 위해서는 사람들이 원하는 부동산이 무엇인지, 그리고 정부 정책의 영향과 파급효과에 대해 알아야 한다. 정부 정책은 시장의 방향을 바꾸는 가장 강력한 신호이기 때문이다. 특히 대출 규제, 세금 정책, 공급 정책은 가격 흐름을 직접적으로 바꾸는 핵심 변수다.

과거 아파트 분양권 투자는 단순했다. 좋은 입지에 분양하면 무조건 프리미엄이 붙었다. 하지만 이제는 그렇지 않다. 첫째, 분양가 상한제 해제로 인해 분양가 자체가 높아졌다. 둘째, 대출 규제로 인해 분양권 매수자가 줄어들었다. 셋째, 아파트 분양권 세금 규제로 인해 거래가 정지되었다. 기존의 패러다임으로는 더 이상 분양권 투자에서 성공하기 어렵다. 새로운 접근법이 필요한 것이다.

입지보다
타이밍

과거에는 '입지가 곧 수익'이었다. 하지만 이제는 타이밍이 더 중요해졌다. 같은 입지라도 분양 시기에 따라 수익률이 천차만별이다. 새로운 분양권 투자의 핵심은 시장 사이클을 읽는 것이다. 부동산 시장이 침체기일 때 분양하는 아파트가 오히려 더 큰 수익을 낼 수 있다. 왜냐하면 분양가가 상대적으로 저렴하고, 입주 시점에는 시장이 회복되어 있을 가능성이 높기 때문이다.

또 과거에는 대단지가 유리했다. 하지만 이제는 희소성이 더 중요하다. 공급 과잉 시대에는 차별화된 상품이 살아남는다. 오히려 중소 규모라도 독특한 콘셉트나 차별화된 입지를 가진 분양권이 유망하다. 예를 들어 오랫동안 신축이 없었던 지역의 첫 번째 브랜드 아파트, 특별한 조망권이나 테마가 있는 아파트 등이 유리하다.

과거와 또 다른 점은 더 이상 전매 차익이 목적이 아니란 것이다. 전매 규제가 강화되어 실거주를 전제로 한 투자가 필요하다. 이른바 '살면서 버는 투자'다. 입주 후 실거주하면서 자산 가치 상승을 기다리는 것이다. 이런 관점에서는 실거주 가치가 높은 분양권을 선택해야 한다. 교통, 교육, 편의시설, 병원 등 실제 살기 좋은 조건을 중시해야 한다.

과거에는 감정이나 추측에 의존했다면, 이제는 데이터 기반 분석이 필수다. 분양권 투자에서 고려해야 할 데이터가 많아졌다. 첫째, 입주 예정 물량 데이터를 정확히 분석해야 한다. 입주 시점에 공급 과잉이 예상되는 지역은 피해야 한다. 둘째, 인구 이동 데이터를 확인해야 한다. 보통 지방 광역시급 이상 투자를 원칙으로 하고 최소한 50만 명 이상이 살아야 한다. 셋째, 대출 규제지역을 모니터링해야 한다. 대출 정책 변화가 분양권 수요에 직접적인 영향을 미친다.

ESG와 친환경 키워드도 빼놓을 수 없다. 젊은 세대는 친환경과 지속가능성을 중시한다. ESG 요소가 분양권 투자에서도 중요해졌다. 예를 들어 친환경 인증을 받은 아파트, 에너지 효율 등급이 높은 아파트, 녹색건축물 인증을 받은 아파트 등이 미래 가치가 높다. 이런 요소들은 장기적으로 분양권 가치에 긍정적 영향을 미칠 것이다.

미분양에 대한 해석도 달리해야 한다. 기존에는 미분양을 부정적으로 봤다. 하지만 새로운 패러다임에서는 미분양을 기회로 본다. 다만 미분양의 원인을 정확히 분석해야 한다. 고분양가 문제로 입지와 브랜드에 비해 분양가가 너무 높은 미분양은 여전히 피해야 한다. 하지만 시장 여건(금리, 환율, 규제 등)으로 인한 미분양은 오히려 기회가 될 수 있다. 이런 미분양 아파트는 분양가 할인, 옵션 제공 등의 혜택을 받을 수 있고, 입주 시점에는 시장이 회복되어 전세가와 매매가가 동반 상승할 가능성이 높다.

소액 부동산 투자자라면 기존과 다른 접근이 필요하다. 수도권 대형 분양보다는 지방 중소도시의 차별화된 분양에 주목해야 한다. 특히 대학도시, 산업도시, 교통 요충지의 분양권이 유망하다. 이런 지역은 분양가가 상대적으로 저렴하면서도 안정적인 수요가 보장된다. 또한 전매 규제도 수도권보다 완화되어 있어 투자 여건이 좋다.

리스크의 종류도 달라졌다. 과거에는 입주 지연이나 시공사 부도가 주요 리스크였다. 하지만 이제는 정책 리스크가 가장 크다. 대출 규제, 전매 규제, 양도세 정책 등의 변화가 분양권 투자에 직접적인 영향을 미친다. 따라서 정책 동향을 지속적으로 모니터링하고, 정책 변화에 대응할 수 있는 유연한 전략을 준비해야 한다.

분양권 투자의 새로운 패러다임은 미래 지향적이어야 한다. 10~20년 후의 변화를 예측하고 투자해야 한다. 고령화, 1인 가구 증가, 재택근무 확산, 친환경 트렌드 등 사회 변화를 반영한 분양권을 선택해야 한다. 예를 들어 의료시설과 가까운 아파트, 소형 평수 위주의 아파트, 재택근무가 가능한 입지의 아파트 등이 미래 가치가 높다.

분양권 투자는 이제 단순히 시세차익을 노리는 투자가 아니
다. 미래 라이프스타일을 예측하고, 데이터를 분석하고, 장기적
관점에서 접근하는 종합적 투자가 되어야 한다. 새로운 패러다임
을 이해하고 적용하는 투자자만이 분양권 투자에서 성공할 수 있
을 것이다.

영끌, 빚투 시대의 종말

장기간 초저금리가 이어지자 '영끌' '빚투'라는 말이 유행처럼 번졌다. 그만큼 무리한 대출 투자가 일상화되었다. 실제로 빚을 내서 투자하는 사람을 주변에서 심심치 않게 볼 수 있었다. 하지만 이제는 시대가 변했다. 대출도 감내할 수 있는 선에서만 받아야 한다는 기본 원칙으로 돌아가야 할 때다. 코로나19 이후 금리가 가파르게 상승하자 역사상 가장 낮은 금리를 누리던 수많은 부린이, 주린이가 곡소리를 냈다. 연이은 기준금리 인상으로 대출 이자 부담이 커졌기 때문이다.

최근 한국은행과 미 연준은 금리 인하에 전향적인 모습을 보이고 있다. 머지않아 다시 영끌과 빚투가 유행할지도 모른다. 그러나 무리한 영끌과 빚투가 어떤 결과를 낳는지는 이미 충분히 경험했다. 저금리 시대에는 누구나 레버리지의 유혹에 빠지기 쉽다. 금리는 낮고 집값은 계속 오를 것처럼 보였기 때문이다. "집값이 이자보다 빨리 오르니 괜찮겠지"라는 논리가 당시에는 그럴듯하게 들렸다. 하지만 이는 명백한 착각이었다. 세상에 영원히 우상향하는 자산도 없고, 영원히 낮은 금리 역시 존재하지 않기 때문이다.

우리는 학창 시절에 국어를 배우면서 '주제'를 알았고, 산수를 배우면서 '분수'를 알았다. 누구에게나 투자의 그릇이 있다. 자산이 많은 부자는 투자의 그릇도 큰 반면, 이제 막 투자를 시작한 부린이는 투자의 그릇이 작다. 작은 그릇에 이것저것 담으면 흘러넘치기 마련이다. 무리한 영끌과 빚투는 바로 이 그릇의 한계를 무시한 투자다.

돈이 없으면 빚을 내지 말고 종잣돈부터 모아야 한다. 자기 힘으로 종잣돈을 모으고 불려야 돈의 소중함을 알 수 있다. 영끌로 쉽게 번 돈은 쉽게 잃기 마련이다.

2019년 11월 6일, 부산광역시에 마지막으로 남아 있던 조정대상지역(해운대구·수영구·동래구)이 해제되면서 부산 부동산 시장이 급등했다. 이때 특히 해운대구의 집값이 높게 치솟았고 급등세의 여파가 주변 지역으로 빠르게 번졌다. 자고 일어나면 매매가가 수천만 원씩 오르는 소위 '불장'이었다. 이 시기에 많은 영끌족이 탄생했다.

필자의 지인인 자영업자 P사장은 부동산 투자 경험이 적은 부린이였다. P사장은 사업을 정리하고 처분한 돈으로 부동산 투자를 시작했는데, 전국의 미분양 아파트와 역세권 아파트에 갭투자해 많은 수익을 남겼다. 운 좋게 큰 수익을 얻자 P사장은 욕심을 내기 시작했다. 그는 부동산이 영원히 오를 것이라고 생각했는지 공격적으로 물건을 매수했다. 급기야 대출을 최대한 받아 영끌 투자에 나섰다.

P사장은 자본금과 많은 부동산이 있었지만 언제 어느 타이밍에 매도할지 몰랐다. 영끌의 달콤함에 빠져 출구 전략을 생각하지 못한 것이다. 수년이 지난 현재, 2022년부터 금리가 상승하면서 부동산 투자심리가 꺾였고, 전국적으로 아파트 가격이 하락했다. 더 큰 문제는 늘어난 대출 이자였다. 집값은 떨어졌지만 대출 이자는 몇 배로 늘어났다. 사정이 어려워진 P사장은 급매로 부동산을 매도해야 했다. 결국 P사장은 매도 타이밍을 놓치는 바람에 부동산 투자에 실패했다.

욕심은 금물,
안전이 최우선

다시 기본으로 돌아가야 한다. 분수에 맞는 투자만이 답이다.

첫째, 자기자본 위주의 투자를 해야 한다. 대출 비중을 최소화하고 자기자본 위주로 투자해야 한다. LTV 50% 이하로 대출을 받는 것이 안전하다.

둘째, 현금흐름 중심의 투자가 안전하다. 시세차익보다는 임대수익에 집중해야 한다. 매월 들어오는 임대료로 대출 이자를 충당할 수 있어야 한다. 갭투자도 좋지만 월세가 나오는 투자가 더 안전하다.

셋째, 단계적으로 투자 규모를 확대해야 한다. 처음부터 큰 투자를 하지 말고 작은 투자부터 시작해야 한다. 성공 경험을 쌓으면서 점차 투자 규모를 늘려나가는 것이 현명하다.

넷째, 명확한 출구 전략이 필요하다. 투자하기 전에 언제, 어떤 조건에서 매도할지 미리 정해둬야 한다. 욕심을 부리지 말고 목표 수익률에 도달하면 과감하게 매도하는 것이 중요하다.

사업을 잘하는 사람은 사업을 시작하기 전에 사업계획을 철저히 세운다. 사업계획서를 통해 얼마의 수익을 남길지 대략 정해두고 사업을 시작한다. 부동산 투자도 마찬가지다. 투자하기 전에 언제 매도할지, 얼마에 팔지 가닥을 잡고 투자해야 한다. 자신이 생각한 목표치에 근접하면 욕심 부리지 말고 매도하는 것이 좋다.

투자 경험이 적은 부린이가 무릎에 사서 어깨에 팔겠다는 건 큰 욕심이다. 영끌, 빚투의 성공 신화에 현혹되지 말고, 항상 자신의 분수를 지키면서 투자해야 한다. 단기간에 큰 수익을 노리는 투기적 투자보다는, 장기적 관점에서 안전하게 자산을 늘려나가는 투자가 필요하다.

부동산 투자도 분수에 맞게 해야 한다. 돌다리도 두들겨 가면서 건너야 한다. 부동산 가격이 계속 오른다고 큰 빚을 내서 투자하면 조정장 때 무너질 수 있다. 영끌의 달콤한 유혹에 넘어가지 말고, 자신의 그릇 크기에 맞는 투자를 하는 것이 진정한 투자의 지혜다.

주택담보대출 현명하게 이용하기

세상엔 두 종류의 사람이 있다. 살면서 주택담보대출을 많이 받는 사람, 전세자금대출을 많이 받는 사람이다. 전자는 부자일 가능성이 크고, 후자는 아직까지 내 집 마련도 하지 못했을 공산이 크다. 같은 대출이지만 주택담보대출과 전세자금대출은 그만큼 색깔이 다르다. 하지만 이제는 주택담보대출의 패러다임이 완전히 바뀌었다. 과거의 대출 전략으로는 더 이상 성공하기 어려운 시대가 되었다.

주택담보대출은 소유권 이전을 위한 잔금 대출이기 때문에 주택을 매수할 때 한다. 전세자금대출은 말 그대로 전세자금을 대출하는 것이기 때문에 전세 계약 시 이뤄진다. 하지만 최근 대출 환경이 급변하면서 새로운 전략이 필요해졌다.

과거에는 금리는 낮고 대출은 쉬웠다. LTV 70~80%까지 대출받아 레버리지를 활용하면 큰 수익을 낼 수 있었다. 하지만 이제는 완전히 다른 게임이 되었다. 대출 규제가 강화되었고, DSR 규제로 대출 한도가 크게 줄었다. 소득, 신용도, 부채 상황을 종합적으로 평가하는 등 대출 심사가 까다로워졌다. 또 지역별 차등 적용이 강화되었다. 수도권과 지방의 대출 조건이 달라졌다.

부자가 되기 위해서는 여전히 주택담보대출을 받아야 한다. 하지만 환경이 달라졌기 때문에 전략이 바뀌어야 한다. 물론 결혼 후 신혼부부 특별공급 청약을 넣기 위해 잠시 전세에 사는 것은 여전히 나쁘지 않은 전략이다. 그러나 목적 없이 전세에서 전세로, 또 전세에서 전세로 옮겨 다니면서 사는 것은 부자의 길이 아닌 빈자의 길이다.

이제는 다음과 같은 전략이 필요하다.

첫째, 고정금리와 변동금리 중 어떤 선택이 유리할지 고민해봐야 한다. 이는 시대에 따라 유불리가 갈린다. 금리 상승기에는 고정금리가, 금리 하락기에는 변동금리가 유리하다. 향후 3~5년의 금리 전망을 고려해 선택해야 한다.

둘째, DSR을 관리해야 한다. DSR 50% 내에서 대출을 관리해야 한다. 이를 위해서는 소득 증대와 기존 부채 정리가 필요하다. 신용카드 대출, 마이너스통장 등 고금리 대출부터 정리하는 것이 좋다.

셋째, 단계적으로 대출을 늘려가야 한다. 한 번에 큰 대출을 받기보다는 단계적으로 대출을 늘려나가는 것이 안전하다. 첫 번째 부동산은 LTV 50% 이하로, 두 번째 부동산은 60~70%로 점진적으로 늘려나간다.

은행은 저축하러 가는 곳이 아니다. 대출을 하러 가는 곳이다. 주거래은행과 좋은 관계를 유지해야 하는 이유는 예금금리를 높게 받기 위해서가 아닌, 대출금리를 저렴하게 받기 위해서다. 과거에는 담보만 있으면 대출이 가능했지만, 이제는 종합적인 금융거래 실적이 중요한 상황이다.

은행이라고 모두 같은 것은 아니다. 주택담보대출에 적극적인 곳, 중금리 대출에 강점을 가진 곳, 1주택자에게 유리한 조건을 제시하는 곳 등 정책과 성향이 모두 다르다. 한 은행만 고집하기보다는 여러 금융기관과 거래하며 각 은행의 장점을 상황에 맞게 활용하는 전략적 접근이 필요하다.

또한 대출금리에 미치는 신용등급의 영향이 과거보다 훨씬 커졌다. 신용등급 1등급과 6등급 사이의 금리 차이가 2~3%p에 이를 정도다. 신용카드 사용 패턴, 대출 상환 이력, 연체 여부 등을 체계적으로 관리하지 않으면 같은 자산을 사더라도 훨씬 불리한 조건으로 대출을 받을 수 있다. 신용 관리가 곧 투자 경쟁력이다.

부동산 투자로 부자가 되기 위해서는 은행 돈과 세입자 돈을 활용할 줄 알아야 한다. 자기자본만으로는 자산을 빠르게 키우는 데 한계가 있다. 다만 예전처럼 LTV 80%까지 끌어다 쓰는 방식은 위험하다. 금리 변동성을 감안하면 처음에는 50~60%의 보수적인 수준으로 접근해야 한다.

디지털 기술의 활용도 중요해졌다. 온라인 대출 플랫폼과 핀테크 서비스를 이용하면 은행별 대출 조건을 실시간으로 비교할 수 있고 가장 유리한 조건을 찾을 수 있다. 더 나아가 최근에는 전통적인 신용평가를 넘어 소비 패턴이나 통신비 납부 이력 등을 반영하는 AI 기반 신용평가가 도입되면서, 개인의 금융 이력에 따라 보다 좋은 조건의 대출을 받을 가능성도 커지고 있다.

다만 금리 변동성이 커진 만큼 고정금리와 변동금리를 적절히 섞거나, 금리 상승에 미리 대비하는 등 여러 고민이 필요한 시점이다. 대출 규제 역시 수시로 바뀌기 때문에 정책 흐름을 꾸준히 점검하고, 급작스러운 변화에 대응할 수 있는 여유자금을 확보해 두는 것이 좋다. 특히 갭투자의 경우 전세 시장 변화가 치명적일 수 있으므로 전세가 하락이나 보증금 반환 문제에 대비한 안전장치가 반드시 필요하다.

무엇보다 중요한 원칙은 대출은 '자산을 사는 데' 써야지 '부채를 사는 데' 쓰면 안 된다는 점이다. 외제차를 사기 위한 대출은 대표적인 부채형 대출이지만, 주택담보대출은 자산을 축적하기 위한 수단이 될 수 있다.

또한 생애주기에 따라 대출 전략을 달리 가져가야 한다. 20~30대에는 성장성과 확장성을, 40~50대에는 안정성을, 60대 이후에는 현금흐름 중심의 전략을 세우는 것이 바람직하다.

결국 부동산 투자를 위해 주택담보대출을 활용하는 것은 여전히 부자가 되는 강력한 수단이다. 다만 과거처럼 무작정 빚을 끌어다 쓰는 방식이 아니라, 더 스마트하고 신중한 전략이 요구된다. 요즘 시대에 맞는 새로운 기준을 세우고 이를 실행하는 투자자만이 시장에서 살아남을 수 있을 것이다.

강남 1주택자 vs. 지방 다주택자

여러분은 집이 많은 것이 두려운가, 아니면 집이 없는 것이 두려운가? 집이 많은 다주택자나 집이 없는 무주택자나 걱정이 많은 건 매한가지다. 집 많은 사람은 재산세, 종부세 등 세금 때문에 걱정이 많고, 집 없는 무주택자는 주거의 불안정 때문에 걱정이 많다. 그런데 집이 많은 다주택자가 걱정이 더 많을까, 아니면 집이 없는 무주택자가 걱정이 더 많을까? 당연히 무주택자의 불안이 더 클 것이다. 하지만 이제는 새로운 질문을 던져야 할 때다. 똘똘한 한 채를 유지할지, 다주택을 유지할지 말이다. 10년 후를 내다봤을 때 어떤 전략이 더 유리할까?

요즘 매스컴에서는 똘똘한 한 채에 투자해야 안전하다고 강조한다. 똘똘한 한 채란 서울 강남의 값비싼 아파트 한 채 혹은 지방 광역시의 1급지 아파트를 의미한다. 부산의 경우 해운대구의 아파트를 똘똘한 한 채라고 하는데 30평대가 15억 원이 넘는다. 2025년 6·27 대책으로 수도권 아파트 대출 규제가 적용되면서 현금 있는 부자만 고가 아파트를 살 수 있게 되었다. 수도권에서 15억 원 아파트를 사기 위해서는 최소 현금 9억 원은 있어야 한다. 현금 9억 원 이상을 굴릴 수 있는 사람이 몇이나 될까?

결국 똘똘한 한 채는 일반인이 투자하기에는 너무나 문턱이 높다. 일반인은 가성비 있는 소액 부동산을 여러 채 매입해 다주택자가 되는 방식으로 부를 불리는 수밖에 없다. 하지만 정말로 이것이 10년 후에도 유효한 전략일까?

박 사장과
오 부장 이야기

똘똘한 한 채를 보유한 1주택자 박 사장, 그리고 지방에 여러 소액 부동산을 보유한 다주택자 오 부장이 있다고 가정해보자.

박 사장은 수년 전 20억 원짜리 34평 강남 아파트를 실거주로 매수했다. 종부세와 재산세가 부담스러웠지만 아파트 가격이 30억 원까지 치솟자 주변의 부러움을 샀다. 그런데 2022년부터 시작된 미국 기준금리 인상과 불경기로 부동산 경기가 나빠지면서 아파트 가격이 큰 폭으로 하락했다. 모든 여윳돈을 강남 아파트를 사는 데 투입한 박 사장은 다른 데 투자할 여유가 없다.

반면 지방을 중심으로 소액 부동산 투자를 이어온 오 부장은 소위 몸테크를 하고 있다. 현재 거주하는 곳은 20년 이상 된 구축 아파트다. 불편하긴 하지만 다른 데 투자하기 위해 불편함을 감수하고 있다. 최근 기준금리 인상으로 부동산 경기가 얼어붙자 저평가된 아파트가 쏟아지기 시작했다. 한창 부동산 경기가 좋았을 당시 2억 원까지 치솟은 아파트가 1억 2천만 원까지 떨어지자 오 부장은 전세 1억 원을 끼고 곧바로 매입했다.

이제 10년 후인 2035년을 가정해보자. 과연 누가 더 부자가 되어 있을까? 시나리오별로 살펴보겠다.

첫 번째 시나리오는 인구 감소와 지방 소멸로 인해 양극화가 심화되었을 때다. 2035년 한국의 인구는 5,100만 명으로 감소했다. 지방 중소도시의 인구는 30% 이상 줄어들었고, 수도권 집중은 더욱 심화되었다. 이 경우 박 사장의 강남 아파트는 희소성이 부각되어 크게 오른 반면, 오 부장의 지방 부동산은 절반 이상이 매수자를 찾지 못할 것이다.

두 번째 시나리오는 정부의 균형발전 정책이 성공해 지방 대도시가 자족적 경제권을 형성했을 때다. KTX 등 교통 인프라가 확충되어 서울-부산이 1시간 30분, 서울-광주가 1시간으로 단축된다. 지방 부동산 가격이 크게 올라 오 부장이 지닌 집들의 가치는 크게 오른 반면, 박 사장의 강남 아파트 가격은 정체될 것이다.

세 번째 시나리오는 첫 번째와 두 번째 시나리오가 혼재된 상황이다. 현실적으로 가장 가능성이 높은 시나리오다. 수도권 집중과 지방 소멸이 동시에 진행되지만, 일부 거점 도시는 성장하고 있다. 박 사장의 강남 아파트도 적당히 오르고, 오 부장의 집들도 절반은 가치가 오르고 절반은 하락한다. 총 자산 가치는 비슷하지만 오 부장은 임대수익이 있어 현금흐름 면에서 유리하다.

새로운 변수들의 등장으로 10년 후를 예측하기란 어려운 상황이다. 부동산 규제 정책의 변화로 고가 아파트 보유 부담이 커질 수도 있고, 다주택자 규제가 완화될 수도 있다. 여러 가능성을 감안해 박 사장과 오 부장처럼 어느 한쪽으로 극단적으로 쏠리기보다는, 두 전략을 결합한 하이브리드형 접근이 유리할 것으로 보인다.

핵심 자산으로 1~2채의 우량 부동산을 보유하되 추가적으로 소액 부동산에 투자하는 방식이다. 지역 다변화를 위해 여러 지방에 무작정 하는 것이 아니라 선별적으로 접근해야 한다. 쇠퇴가 예상되는 지역은 과감히 피해야 할 것이다, 용도 다변화로는 주거용 부동산만이 아니라 상업용·업무용 부동산에도 투자를 고려해야 한다. 특히 물류센터, 데이터센터 등 새로운 수요가 창출되는 분야에 주목해야 하고 스마트홈, 친환경 건물 등 미래 기술과 트렌드를 반영한 부동산에 투자해야 한다.

10년 후 박 사장과 오 부장 중 누가 더 부자가 될지는 아무도 모른다. 예상하지 못한 변수들이 너무 많기 때문이다. 중요한 것은 변화에 대응할 수 있는 유연성을 유지하는 것이다. 오 부장이 보유한 저평가된 소형 아파트처럼 내재가치가 뛰어난 물건은 가격이 잘 떨어지지 않는다. 다만 앞으로 이 '내재가치'의 기준이 어떻게 바뀔지 모른다. 단순히 입지와 교통만이 아니라 기술 친화성, 환경 친화성, 미래 적응성까지 고려해야 한다.

훗날 박 사장과 오 부장의 운명은 어떻게 될까? 10년 후 시장은 아마도 완전히 새로운 환경일 것이다. 중요한 것은 지금의 선택이 아니라 변화에 대응하는 능력이다. 미래는 유연성과 적응력을 가진 투자자의 것이 될 것이다.

부동산 투자 3·3·3 법칙

부동산은 현장에 답이 있다. 네이버, 구글, 다음과 같은 포털사이트에서 로드뷰로 손쉽게 실물을 볼 수 있는 시대가 되었지만 그래도 직접 현장에 가야 답을 얻을 수 있다. 물론 손품도 중요하다. 하지만 손품이 중요하다고 해서 손품만으로 일생일대의 가장 큰 투자를 진행할 수는 없다.

임장을 가기 전에는 반드시 사전조사를 철저히 해야 한다. 조사를 통해 어느 정도 물건 상태를 파악해야 현장에 가서 헤매지 않는다. 기본적인 정보도 모르고 임장을 가는 건 시간만 버리는 일이다. 누구나 쉽게 정보를 찾고 공유할 수 있는 세상이지만 그 안에서 나에게 필요한 정보만 딱딱 뽑아내기란 쉬운 일이 아니다.

바야흐로 정보 과잉의 시대다. 우리는 눈 뜨는 순간부터 잠들기 직전까지 수많은 정보와 마주한다. 수백 개의 TV 채널, 셀 수 없이 쏟아지는 유튜브 동영상, 실시간으로 꽉꽉 채워지는 SNS와 뉴스 기사 등 콘텐츠는 무한대에 가깝다. 넘치는 정보를 습득해야 한다는 불안감, 그리고 그 안에서 필요한 정보를 찾기 힘든 답답함이 바로 요즘 시대의 딜레마다.

3·3·3 법칙이란 무엇인가?

부동산 투자도 적재적소 필요한 정보를 검색하고 취합할 수 있는 능력이 중요하다. 부동산 투자의 큰 흐름은 손품을 팔아 정보를 조사하고, 발품을 팔아 임장을 가고, 계좌 이체를 통해 계약을 마무리하는 것이다. 이 중 어느 과정도 소홀히 할 수 없다. 하지만 디지털 시대에 맞는 새로운 접근법이 필요하다. 필자가 제시하는 다음의 3·3·3법칙을 기억하기 바란다. 이는 현대 부동산 투자에 가장 기본적인 전제조건이다.

첫 번째 3은, 3단계 정보 수집이다.

1단계는 공공기관 및 각종 부동산 플랫폼을 활용한 조사다. 국토교통부 실거래가공개시스템, 한국부동산원 부동산통계정보시스템, 각종 부동산 플랫폼의 빅데이터를 활용한다. 2단계는 시세 분석이다. 인공지능 기반 부동산 분석 플랫폼을 활용해 해당 물건의 적정가를 산출한다. 주변 부동산 시세 분석은 물론, 향후 3~5년 가격 전망까지 확인한다. 내가 사는 가격이 비싼지 싼지를 객관적인 데이터로 검증해야 나중에 팔 때 이익을 극대화할 수 있다. 마지막 3단계는 종합 리스크 분석이다. 부동산의 공시가격에 따라 보유세가 매겨지기 때문에 세금을 시뮬레이션해본다. 대출 가능성, 임대 수요, 향후 개발계획 등을 종합적으로 분석한다. 조사를 많이 하면 많이 할수록 시행착오를 줄일 수 있다.

두 번째 3은, 3차례 현장 확인이다. 1차로 주변 환경을 파악한다. 첫 번째 임장에서는 거시적 환경을 파악한다. 교통, 상권, 학군, 병원 등 생활 인프라를 확인한다. 2차로 미시적 분석을 시작한다. 땅의 경사도를 직접 보는 것과 화면으로 보는 것은 체감이 다르다. 비선호시설인 쓰레기매립장, 화장터, 고압변전소, 송전탑, 교도소 등이 있는지도 살펴본다. 건물 상태, 주차 환경, 소음 정도 등도 세밀하게 확인한다. 3차로 시간대별로 부동산 인근을 확인한다. 다른 시간대에 방문해 유동인구, 교통 상황, 소음 정도의 변화를 확인한다. 평일과 주말, 낮과 밤의 분위기가 다를 수 있다. 인터넷을 통해서 확인할 수 있는 사진과 그림은 한계가 있다. 손품만으로 주변 환경의 자세한 정보를 파악하기란 불가능에 가깝다.

세 번째 3은, 3일 내 결정하는 것이다. 1일차에는 최종 검토를 한다. '생각은 깊게 행동은 빠르게'라는 말이 있다. 할지 말지 생각은 깊게 하되 일단 결심이 서면 행동은 빠르게 하라는 말이다. 1~2단계 과정을 통해 해당 물건이 좋다는 확신이 들었다면 최종 검토에 들어간다. 수익률 재계산, 리스크 재점검, 자금 조달계획 등을 마지막으로 점검한다. 2일차에는 협상 전략을 수립한다. 가격 협상 여지, 계약 조건, 대출 조건 등을 구체적으로 검토한다. 여러 시나리오를 준비해 최적의 조건을 도출한다. 3일차에는 계약을 체결한다. 부동산 투자에 있어 '행동'은 계약을 의미한다. 정확히는 계약금 중 일부(가계약금)를 입금하는 것을 의미한다. 3단계 조사와 3차례 현장 확인을 통해 분석을 마쳤다면 바로 가계약금을 입금해야 한다. 생각이 너무 길어지면 좋은 물건을 놓칠 수 있다.

좋은 부동산 물건은 누구나 관심이 많아서 내가 아니더라도 언제든 다른 사람이 계약할 수 있다는 것을 잊지 말자. 3·3·3 법칙을 통해 충분히 검토했다면 자신 있게 결정할 수 있어야 한다. 계약은 머리로 하는 것이 아니라 입금으로 하는 것이므로 언제든 가계약금을 입금할 준비를 해야 한다.

미분양 아파트를 고르는 황금 기준

필자가 본격적으로 돈을 벌기 시작한 것은 미분양 아파트에 투자하고 난 다음부터다. 소액 부동산 투자를 통해 안정적인 수입을 얻고, 미분양 아파트 투자로 큰돈을 벌었다. 그중 하나를 소개하자면 부산광역시 기장군 일광신도시 미분양 아파트 사례가 있다. 당시 명지국제신도시, 일광신도시 등 정비사업 및 외곽 신도시 개발로 부산광역시는 공급 폭탄이 터졌고 부동산 시장은 깊은 침체기에 빠졌다. 일광신도시가 위치한 부산 기장군은 미분양 증가 등의 사유로 미분양 관리지역으로 지정되기도 했다.

성공적인 미분양 아파트 투자를 위해서는 체계적인 선별 기준이 필요하다. 미분양이라고 해서 모두 좋은 투자처는 아니기 때문에, 수많은 미분양 아파트 중에서 보석을 찾아내는 황금 기준이 필요하다. 부산광역시 기장군 내 자체 주택 실수요가 부족했던 탓에 미분양이 급증했지만 필자는 기장 일광신도시 사업의 가능성을 믿었다. 일광신도시는 단순히 기장군 내 주택 수요만을 노리고 지어진 것이 아니다. 울산광역시, 동부산권과 인근 13개 산업단지, 오시리아관광단지, 양산시 일부 수요를 흡수할 수 있는 요충지에 위치해 있다. 이러한 가능성을 믿고 과감히 미분양 아파트를 매입했고 훗날 큰 시세차익을 얻었다.

미분양 아파트를
선별하는 황금 기준

미분양 아파트를 선별하는 황금 기준은 6가지다. 차례대로 미분양 원인, 건설사 신뢰도, 분양가 적정성, 공급물량, 입지, 기대수익률이다. 하나씩 살펴보자.

미분양 아파트는 미분양이 된 이유가 중요하다. 크게 3가지 원인으로 나뉜다. 첫째, 구조적 문제다. 입지 불량, 고분양가, 3급 건설사 등으로 인한 미분양은 피해야 한다. 둘째, 일시적 문제다. 공급물량 과다, 분양 시기 불량 등으로 인한 미분양은 기회가 될 수 있다. 셋째, 시장 환경 문제다. 전반적인 부동산 경기 침체, 금리 상승 등으로 인한 미분양은 가장 좋은 투자 기회다. 해당 아파트의 입지나 건설사 문제, 분양 시기 문제로 미분양된 것이 아니라면 투자를 타진해봐야 한다.

다음으로 건설사 신뢰도를 평가해야 한다. 미분양 아파트 투자에서 건설사 선택은 매우 중요하다. 시공 능력, 재무 건전성, 브랜드 인지도를 종합적으로 평가해야 한다. 우량 건설사란 시공 실적이 풍부한 대형 건설사를 말한다. 재무구조가 안정적이고, 브랜드 아파트로 인정받고, 준공 지연이나 하자 이슈가 적은 회사가 좋다.

다음으로 분양가 적정성을 검토한다. 미분양 아파트가 발생하는 이유 중 가장 큰 이유는 분양가가 높게 책정되어서다. 일단 분양가가 주변 시세 대비 높으면 무주택자들의 관심에서 멀어진다. 당연히 청약 경쟁률도 낮아진다. 분양가가 적정한지 판단하는 기준은 주변 구축 아파트 시세 대비 얼마나 비싼지를 보면 된다. 다음으로 동일 권역 신축 아파트 분양가와 비교하고, 향후 3년간 예상 시세 상승률을 고려한다. 또 전세가율 60~70% 이상 확보 가능 여부도 검토한다. 미분양 아파트는 보통 계약 후 3년 뒤에 입주할 수 있기 때문에 당장의 경기보다 3년 뒤의 상황이 중요하다.

그다음엔 주변 아파트 공급물량을 분석한다. 미분양 아파트는 부동산 경기보다 입주 시 공급물량이 더 중요하다. 여기서 공급물량은 당장의 분양물량이 아니라 입주 시점의 물량이다. 입주물량이 많은 지역이면 전세가가 낮아지기 때문에 추가 비용을 준비해야 한다. 입주 시 공급물량이 적은 지역을 선별해서 투자하면 소액(1억 원 이하)으로도 안전하게 전세를 끼고 잔금을 치를 수 있다.

공급물량을 파악했다면 이제 입지 경쟁력을 종합 평가한다. 미분양 아파트는 입지가 생명이다. 입지만 좋다면 시간이 모든 것을 해결해준다. 입지를 평가하는 세부 기준은 교통 접근성(지하철역, 버스 정류장, 고속도로 IC와의 거리), 생활 편의성(대형마트, 병원, 관공서 등과의 거리), 교육 환경(초중고, 학원가, 도서관 등과의 거리), 개발 계획(향후 3~5년 내 개발 호재 여부), 자연환경(공원, 하천, 산 등 자연 친화적 요소) 등이다.

다음으로 기대수익률을 시뮬레이션한다. 미분양 아파트 투자는 아파트 분양가의 10%만 있으면 가능하다. 하지만 정확한 수익률 계산이 필요하다.

초기 투자비: 계약금+중도금 이자

입주 시점 추가 비용: 잔금−전세금

입주 시 취득세: 다주택자 취득세 중과 주의(분양권 계약 시 취득세 결정됨)

투입되는 비용을 정확히 계산해야 매도 시점 예상 차익을 가늠할 수 있다.

2019년, 필자는 현금 5천만 원으로 SUV 신차를 사려고 했다. 그런데 부산 일광신도시 비스타동원이 미분양 상태라는 소식을 듣고 급하게 모델하우스에 방문했다. 이때 이미 투자자들로 붐비고 있었고, 4층 이하 저층 물건만 남은 상태였다. 필자는 앞서 설명한 황금 기준을 다음과 같이 적용했다.

1. 미분양 원인: 시장 환경 문제(일시적)

2. 건설사 신뢰도: 동원건설(중대형)

3. 분양가 적정성: 주변 시세 대비 합리적

4. 공급물량: 입주 시점 기준 공급 부족 예상

5. 일지: 광역 교통망 연결 요충지

6. 기대수익률: 연 20% 이상 예상

황금 기준에 부합하는 물건이었고, 결국 필자는 신차 대신 미분양 아파트를 선택했다. 계약금 1천만 원으로 총 분양가 4억

6,700만 원짜리 아파트를 계약한 것이다.

만약 신차를 샀다면 어땠을까? 3년 후 결과는 이렇다.

미분양 아파트: 4억 6,700만 원→8억 원(71% 상승)

신차: 4,500만 원→2천만 원 (56% 하락)

이것이 자산과 부채의 차이다. 자동차는 구매 순간부터 가치가 하락하는 부채지만, 잘 선택한 미분양 아파트는 시간이 지날수록 가치가 상승하는 자산이다.

이처럼 한순간의 선택이 미래를 바꾼다. 하지만 가진 돈을 다 미분양 아파트에 투자하고 필수품을 포기하라는 말이 아니다. 필자도 10년 동안 타던 차가 있어서 가능한 일이었다. 어디까지나 불편함을 감수할 수 있는 범위에서 투자에 나서야 한다.

6가지 황금 기준을 통과했다면, 여유자금이 충분한지 확인해야 한다. 특히 중도금 이자 부담을 감당할 수 있는지 냉정하게 계산할 필요가 있다. 입주 시점 잔금 조달계획 역시 명확해야 한다.

잘 고른 미분양 아파트 열 아파트 안 부럽다. 하지만 잘못 고른 미분양 아파트는 독이 될 수 있다. 황금 기준을 철저히 적용해 진짜 보석과 같은 미분양 아파트를 찾아내기 바란다.

무엇에, 언제 투자할 것인가?

부동산 투자자라면 누구나 공통적으로 안고 있는 고민이 있다. '무엇에, 언제 투자할 것인가?'라는 고민이다. 과거에는 부동산 정보가 지역 내 공인중개사들의 전유물에 가까웠다. 일반 투자자들은 공인중개사가 제공하는 정보에 의존할 수밖에 없었고, 선택지는 제한적이었다. 하지만 지금은 다르다. 정보화 시대가 열리면서 개인 투자자도 충분히 깊이 있는 분석을 할 수 있게 되었다.

수많은 부동산 종목 가운데 어디에 투자할 것인지는 투자 성향에 따라 갈린다. 그러나 이제는 감정이나 선호도가 아니라 데이터에 기반해 종목을 선택해야 하는 시대다.

아파트 투자의 경우 인구 유입 데이터를 통해 지역 수요를 분석하고, 통계청 인구 변화 통계를 활용해 흐름을 읽어야 한다. 여기에 월별·분기별 거래량 변화를 추적해 시장의 온도를 확인하고, 전세가율을 모니터링해 갭투자 가능 여부를 판단한다. 학군 변화 역시 중요한 변수다. 명문고 진학 실적, 중학교 학업성취도, 특목고 진학률, 학원가 분포 변화 등을 함께 살펴야 한다.

상가 투자는 접근 방식이 다르다. 통신사 유동인구 데이터를 활용해 상권의 실제 움직임을 파악하고, 신용카드 매출 데이터를 통해 소비 규모를 분석해야 한다. 상권별 임대료 상승률과 공실률을 지속적으로 모니터링하는 것도 필수다.

토지 투자의 핵심은 정보력이다. 국토교통부, 한국토지주택공사 등에서 도시 계획과 개발계획을 확인하고, 지자체 도시계획위원회 회의록을 분석해 용도지역 변경 가능성을 살펴야 한다. 여기에 교통, 상·하수도, 전력 등 인프라 개발계획까지 종합적으로 검토해야 한다.

대부분의 부동산 투자자가 특정 지역, 특정 종목에 특화되어 있다. 똑똑한 투자자는 전국 단위 데이터를 비교·분석해 가장 유리한 종목을 선택한다.

시장 사이클과
체계적인 매도 전략

투자에서 타이밍은 무엇보다 중요하다. 부동산이든 주식이든 하락기에 매수해야 높은 수익을 기대할 수 있다. 단순히 '싸 보인다'는 감정적 판단이 아니라 객관적인 지표로 타이밍을 판단해야 한다.

시장 사이클과 관련된 거시지표로는 기준금리와 시장금리의 스프레드, 주택담보대출 규제 강도, 분양가 상한제 적용 범위, 종합부동산세·재산세 정책 변화 등이 있다. 미시 지표로는 지역별 거래량 변화율, 매물대기기간(DOM; Days on Market), 호가 대비 실거래가 비율, 전세가격 추세가 중요하다.

여기서 중요한 사실이 하나 있다. 아무리 뛰어난 전문가라도 시장의 바닥을 정확히 맞히지는 못한다는 점이다. 그러나 여러 지표를 종합하면 대략적인 바닥권은 충분히 가늠할 수 있다. 예를 들어 거래량이 평년 대비 절반 이하로 급감하고, 매물대기기간이 6개월 이상으로 늘어나며, 분양가보다 기존 아파트 시세가 낮아지는 현상이 나타난다면 바닥권 신호로 해석할 수 있다. 여기에 언론에서 부동산 공포 기사가 연일 쏟아질 때도 마찬가지다. 다만 가격이 떨어지고 있다는 이유만으로 좋은 기회인 것은 아니다. 구조적 하락과 순환적 하락을 구분할 줄 아는 안목이 필요하다.

바닥권 신호만큼 시장이 과열되었다는 신호도 중요하다. 거래량이 평년 대비 2배 이상 급증하거나, 언론에서 부동산 투자 성공 사례가 연일 보도되거나, 주변에서 투자 문의가 급증하면 과열 신호일 수 있다. 분양가가 기존 시세를 추월하는 현상 역시 경계해야 한다. 거래량이 평년 대비 2배 이상 급증하거나, 언론에서 부동산 투자 성공 사례가 연일 보도되거나, 주변에서 투자 문의가 급증하면 과열 신호일 수 있다. 분양가가 기존 시세를 추월하는 현상 역시 경계해야 한다. 이때 명심해야 할 것은 머리 꼭대기에서 팔겠다는 욕심을 버리는 것이다. 무릎에 사서 어깨에 팔라는 말은, 바닥도 꼭지도 누구도 알 수 없다는 사실을 전제로 한다.

매도는 투자에서 가장 중요한 순간이다. 아무리 싸게 매수했더라도 언제 매도하느냐에 따라 수익은 크게 달라진다. 이제는 감정에 따른 매도가 아니라 체계적인 매도 전략이 필요하다.

먼저 목표수익률을 설정해야 한다. 연 15% 이상을 달성하면 매도하거나, 절대수익률 50%에 도달하면 일부 매도하는 등 여러 전략이 가능하다. 원금을 회수한 뒤 수익금만 재투자하는 방식 역시 리스크 관리에 도움이 된다.

세금 전략 또한 중요하다. 보유 기간에 따른 중과세를 피하고, 다주택자의 경우 양도세를 최소화하는 순서로 매도 계획을 세워야 한다. 1세대 1주택 비과세 요건도 적극적으로 활용해야 한다.

무엇에, 언제 투자할 것인가?

다시 처음의 질문으로 돌아가보자. 답은 간단하다. 자신의 투자 성향에 맞는 물건을, 겨울에 사서 여름에 파는 것이다. 완벽한 타이밍을 맞히려는 욕심을 버리고 큰 흐름을 읽는 것이 현실적인 전략이다. 완벽한 바닥과 꼭지는 신의 영역이다. 하지만 똑똑한 투자자는 최소한 겨울과 여름 정도는 구분할 수 있다. 그리고 그것만으로도 충분히 성공적인 투자를 할 수 있다.

공인중개사에게 의존하는 수동적인 투자자가 아니라, 스스로 판단하고 결정하는 능동적 투자자가 되어야 한다. 정보와 도구는 이미 준비되어 있다. 그것을 활용하는 것은 당신의 몫이다.

믿지 말고
직접 검증하라

국내에 공인중개사 자격증을 가지고 있는 사람만 대략 50만 명이다. 그중 직접 개업을 한 공인중개사는 약 12만 명가량으로, 결국 1/4만 자격증을 제대로 사용하고 있다. 노후에 대비해 공인중개사 자격증을 따려는 사람은 해마다 늘고 있지만 개업률은 저조한 편이다. 형편이 이렇다 보니 매년 대규모 국가시험을 치르면서 발생하는 비용 낭비를 줄여야 한다는 지적도 나오고 있다.

이렇게 공인중개사가 많다 보니 부린이 입장에서는 누구와 일해야 할지 판단하기 어렵다. 하지만 더 중요한 것은 공인중개사에만 의존하지 말고 스스로 확인해야 할 것들을 미리 준비하는 것이다. 아무리 좋은 공인중개사를 만나도 투자자 본인이 기본기가 없으면 성공적인 투자를 할 수 없다.

1/4만 개업을 한다면 나머지 3/4은 무얼 하고 있을까? 자격증이 많다 보니 불법으로 자격증을 대여해 개업하는 사례가 늘고 있고, 깡통전세와 같은 부동산 사기 피해가 속출하고 있다. 정부는 공인중개사 자격시험을 절대평가에서 상대평가로 바꾸는 방향을 모색하면서 합격 기준 개선 작업에 들어갔다. 매년 일정 비율의 합격자를 배출함으로써 무분별한 자격증 남발 사태를 방지하겠다는 생각이다.

공인중개사는 다른 전문직과 달리 국민들에게 인식이 좋지 않다. 전문가로서의 이미지보다 장사꾼의 이미지가 강하다. 실제로 너무 많은 공인중개사무소가 난립해 치열하게 경쟁하다 보니 계약 한 건을 따내기 위해 해서는 안 될 행동도 많이 한다. 이런 상황에서 부린이가 스스로를 보호하기 위해서는 투자 전 반드시 체크해야 할 항목을 숙지해야 한다.

먼저 등기부등본이다. 공인중개사가 제공하는 등기부등본을 그대로 믿지 말고 직접 대법원 인터넷등기소(www.iros.go.kr)에서 최신 등기부등본을 발급받아 확인해야 한다. 소유권 이전 내역, 근저당권 설정 현황, 가압류나 경매 진행 여부 등을 꼼꼼히 살

퍼봐야 한다. 특히 근저당권 설정액이 시세 대비 과도하게 높다면 깡통전세일 가능성이 있으니 주의해야 한다.

다음으로 건축물대장 및 토지대장이다. 건축물의 실제 면적, 준공 연도, 용도 등이 계약서와 일치하는지 확인한다. 불법 증축이나 용도 변경이 있었는지도 살펴봐야 한다. 토지대장에서는 지목, 면적, 소유권 현황 등을 확인한다.

이후 시세 검증에 들어간다. 공인중개사가 제시하는 시세를 그대로 믿지 말고 직접 확인해야 한다. 국토교통부 실거래가공개 시스템에서 최근 6개월간 동일 단지 거래 사례를 확인하고, 부동산 플랫폼에서 현재 매물 시세와 비교한다. 제시된 가격이 시세 대비 적정한지 객관적으로 판단해야 한다.

다음으로 재무 계획 및 대출 가능성을 사전 확인한다. 투자 전에 은행에서 대출 사전 승인을 받아두는 것이 좋다. LTV, DTI, DSR 등을 미리 계산해보고 실제 대출 가능액을 확인한다. 대출 금리, 상환 방법, 중도상환 수수료 등도 미리 알아둬야 한다.

그리고 취득세, 보유세, 양도세 등을 미리 계산해본다. 특히 다주택자의 경우 중과세 대상인지 확인하고, 1세대 1주택 비과세 요건을 만족하는지 점검한다. 세금까지 고려한 실질수익률을 계산해야 한다.

투자용 부동산의 경우 임대 수요가 얼마나 되는지, 예상 임대료가 현실적인지도 확인해야 한다. 주변 유사 물건의 임대료 수준을 조사하고, 공실 기간은 얼마나 예상되는지 파악한다. 관리비, 세금 등을 제외한 순수익을 계산해본다.

주변 개발계획 및 악재 요소도 파악한다. 해당 지역의 향후 개발계획을 확인한다. 도시계획시설, 개발제한구역, 용도지역 등을 조사한다. 동시에 혐오시설, 소음 발생 시설 등 악재 요소도 미리 파악해야 한다.

중고 부동산의 경우 건물 상태를 꼼꼼히 점검해야 한다. 누수, 균열, 곰팡이 등의 하자가 있는지 확인하고, 수리비용이 얼마나 들 것인지 예상해본다. 가능하다면 전문가와 함께 점검하는 것이 좋다.

앞서 여러 요인을 확인했다면 이제 계약서를 작성할 차례다. 계약서의 모든 조항을 꼼꼼히 읽어보고 이해한 후 서명해야 한다. 특히 특약사항에 불리한 조건이 없는지 확인한다. 계약금, 중도금, 잔금 지급 일정이 본인의 자금 계획과 맞는지 점검한다.

부린이일수록 공인중개사를 어떻게 활용하느냐가 중요하다. 특히 매수와 매도 국면에서는 접근 방식이 완전히 달라져야 한다.

먼저 매수할 때는 해당 지역에서 가장 오래 활동한 공인중개사와 일하는 것이 유리하다. 정확히 말하면 그 동네에서 오랫동안 자리를 지키며 거래를 중개한 공인중개사를 찾아야 한다. 이런 공인중개사는 지역의 흥망성쇠를 몸으로 겪었고, 단지별·동별 가격 흐름과 거래 이력을 꿰고 있을 가능성이 높다. 또한 아파트 전 세대의 매물 정보를 가장 많이 확보하고 있을 확률도 크다. 그만큼 급매 물건을 빠르게 확보할 수 있다.

그렇다면 오래된 공인중개사는 어떻게 찾을 수 있을까? 가장 쉬운 방법은 해당 부동산 인근 식당이나 슈퍼마켓 주인에게 물어보는 것이다. "이 동네에서 제일 오래된 부동산이 어디예요?"라는 질문만으로도 바로 답을 얻을 수 있다. 이마저도 어렵다면 간판이 가장 오래된 공인중개사무소를 찾으면 된다. 간판이 오래되었다는 것은 주인이 자주 바뀌지 않고 오랜 기간 영업을 이어왔다는 의미다.

매도 시에는 완전히 다른 방식으로 접근해야 한다. 매도할 때는 최대한 많은 공인중개사무소에 물건을 내놓는 것이 핵심이다. 대부분의 사람은 집을 살 때 이용했던 공인중개사무소 한 곳에만 매물을 맡긴다. 하지만 부동산 경기가 좋지 않다면 이는 불리한 선택이 된다. 이럴 때는 최소 30곳 이상, 가능한 한 많은 공인중개사무소에 매물을 내놓아야 한다.

아파트 단지 내 몇 군데 부동산에만 물건을 내놓고 "집이 안 나간다"고 걱정해선 안 된다. 꼭 단지 주변 공인중개사무소로 범위를 국한할 필요는 없다. 인근 지역은 물론, 다소 거리가 있는 대단지 아파트 상권까지 직접 찾아가 매물을 내놓는 것이 효과적일 수 있다. 브동산 거래는 어느 구름에서 비가 내릴지 모르는 법이기 때문이다.

요즘은 SNS를 적극적으로 운영하는 공인중개사무소도 많다. 이런 곳에 매물을 맡기는 것도 한 방법이다. 단지 내에서 이사를 고려하는 수요자만 있는 것이 아니라, 다른 지역에서 유입되는 수요도 적지 않기 때문이다.

공인중개사는 투자의 파트너일 뿐 의사결정권자가 아니다. 부린이라 하더라도 부동산에 대해 스스로 점검할 수 있어야 한다. 공인중개사의 말을 무조건 믿기보다는, 주어진 정보를 직접 검증하고 판단하는 능력을 길러야 한다. 어느 구름에서 비가 내릴지는 아무도 모르지만 우산은 미리 준비할 수 있다. 정보를 검증하고 분석하는 능력이 여러분의 우산이다.

전세가율은 타이밍의 과학이다. 아파트 전세가격은 매매가격에 직접적인 영향을 미치며, 전세가는 해당 아파트의 가치를 보여주는 중요한 바로미터다. 더 나아가 전세가율은 정확한 매수 타이밍을 알려주는 나침반 역할을 한다. 감정에 휩쓸리지 않고 객관적인 데이터에 기반해 투자 결정을 내리고 싶다면 전세가율 분석은 선택이 아니라 필수다.

5장

미래를 바꾸는
소액 부동산 투자

부동산 정책 대해부

"언제 사고팔아야 하나요?"

부동산 투자에서 가장 중요한 질문이라 할 수 있다. 개인적으로 아파트 가격에 영향을 미치는 요인들의 영향력을 이렇게 생각한다. 부동산 가격은 공급(입주물량)이 50%, 정부 정책이 30%, 금리(환율과 물가 등)가 20% 개입한다. 정책은 아파트 가격에 최소 30% 이상 영향을 미친다. 그만큼 공급 못지않게 중요하다. 특히 최근어는 정책의 영향력이 더욱 커지고 있다.

역대 정권별 부동산 정책의 주요 골자를 살펴보면 이렇다.

노무현 정부(2003년 2월~2008년 2월)에서는 투기과열지구 제도 도입, 다주택자 양도세 중과, 종합부동산세 도입, 실거래가 신고 의무화, DTI 도입, 분양권 전매 제한 등 규제 일변도였다. 그 결과 부동산 가격은 전국 34%, 서울 57% 상승을 기록한다.

이명박 정부(2008년 2월~2013년 2월)는 고가 주택 기준 9억 원까지 상향, 투기과열지구 해제, 부동산 세제 완화, 양도세 중과 완화 등 규제 완화책을 내놓았다. 그 결과 부동산 가격은 전국 15% 상승, 서울 -3% 하락을 기록한다.

박근혜 정부(2013년 2월~2017년 3월)는 LTV와 DTI 완화, 양도세 5년간 면제, 취득세 면제, 청약조정대상지역 선정 등 규제 완화책을 내놓았다. 그 결과 부동산 가격은 전국 10% 상승, 서울 10% 상승을 기록한다.

문재인 정부(2017년 5월~2022년 5월)는 양도세 중과, 취득세 중과, 종부세 인상, 재산세 인상, DSR 도입, 임대차 3법 시행, 대출 규제 등 노무현 정부 때와 마찬가지로 규제 일변도였다. 그 결과 부동산 가격은 전국 30%, 서울 52% 상승을 기록한다.

윤석열 정부(2022년 5월~2025년 4월)는 DSR 완화, 종부세 인하, 양도세 완화, 규제지역 해제, 분양가 상한제 폐지 등 규제 완화책을 내놓았다. 그 결과 부동산 가격은 전국 -15%, 서울 -5% 하락을 기록한다.

어떠한가? 역대 정권의 부동산 정책을 보면 흥미로운 패턴을 발견할 수 있다. 부동산 규제책을 펼치면 가격이 상승하고, 부동산 규제 완화책을 펼치면 가격이 하락하는 경우가 많다는 것이다. 노무현 정부와 문재인 정부에서 수많은 규제를 내놓았지만 부동산 시장은 폭등한 반면, 이명박 정부와 박근혜 정부, 윤석열 정부에서는 수많은 부동산 완화책을 펼쳤지만 큰 상승을 보이지 못했다. 그럼 앞으로는 어떨까?

수요와 공급을
거스르는 정책의 한계

부동산 시장은 새로운 국면에 접어들고 있다. 정부는 수도권 주택 담보대출 한도를 일괄적으로 6억 원으로 제한하는 6·27 대책, 오는 2030년 내 수도권에 135만 가구를 공급하는 9·7 대책, 서울 전역과 경기 12곳을 토지거래허가구역과 조정대상지역·투기과열지구 등 규제지역으로 묶는 10·15대책까지 2025년에만 벌써 3가지 부동산 대책을 내놨다.

현 정부는 지역별로 완전히 다른 부동산 정책을 시행하고 있

어 지역 간 격차가 더욱 벌어지고 있다. 서울 강남3구를 비롯한 수
도권 핵심 지역에는 여전히 강력한 규제 정책이 적용되어 투기 수
요를 억제하고 있는 반면, 지방 소도시에는 적극적인 지원 정책을
통해 인구 유입과 지역 경제 활성화를 도모하고 있다. 이러한 차
등 정책은 의도한 바와 같이 지방을 부양하는 효과를 일부 거두고
있지만, 동시에 수도권과 지방 간의 부동산 가격 격차를 더욱 확
대시키는 결과도 초래하고 있다.

정부가 추진하고 있는 청년층 대상 주택 지원 정책은 분명히
20대와 30대의 주택 구매력 향상에 기여하고 있다. 대출 한도 확
대, 취득세 감면, 청약 가점 우대 등 젊은 세대에게 내 집 마련의
기회를 준다는 것은 긍정적인 변화다. 그런데 예상치 못한 부작용
이 나타나고 있다. 기존 다주택 보유자들이 강화된 보유세 부담과
각종 규제를 피해 매도물량을 대거 시장에 내놓으면서, 특정 지역
에서는 공급 과잉 현상이 나타나고 있는 것이다. 이로 인해 시장
에는 매수 세력과 매도 세력이 동시에 증가하는 복잡한 양상이 전
개되고 있다.

현 정부는 AI 기술을 활용한 실시간 부동산 정책 조정 시스템
을 도입했다. 이 시스템은 부동산 거래량, 가격 변동률, 대출 증가
율 등의 데이터를 실시간으로 분석해 과열 지역에는 즉시 규제를
강화하고, 침체 지역에는 지원책을 확대하는 방식으로 작동한다.

이론적으로는 시장 안정화에 매우 효과적인 정책 도구로 보이지만 실제로는 시장에 새로운 혼란을 가져다주고 있다. 정책 변화가 너무 빠르고 예측하기 어려워져서 투자 계획을 세우기 어려워졌고, 이로 인해 시장 참여자들의 관망세가 길어지는 현상이 나타나고 있다.

역사적으로 보면 정권이 바뀔 때마다 부동산에 대한 진단과 해법은 달랐지만, 한 가지 분명한 교훈이 있다. 바로 수요와 공급의 기본 원칙을 거스르는 규제 정책은 오히려 상황을 악화시킨다는 것이다. 오늘날에도 이 원칙은 여전히 유효할 것이다. 아무리 강력한 정책이라도 근본적인 수요와 공급의 불균형을 해결하지 못한다면 일시적인 효과에 그칠 수밖에 없다. 부동산 가격은 분명히 정부 정책의 영향을 받지만, 장기적이고 근본적인 가격 흐름은 결국 수요와 공급에 의해 결정된다. 특히 2026년 현재는 3가지(인구구조의 근본적 변화, 건설업계 구조조정 여파, 금리 환경의 새로운 국면) 중요한 구조적 변화가 동시에 진행되고 있어 시장에 복합적인 영향을 미치고 있다.

첫째로 인구구조의 근본적 변화다. 2020년을 기점으로 우리나라는 본격적인 인구 감소 사회에 진입했다. 전국적으로는 주택 수요가 감소하는 추세가 나타나고 있습니다. 그런데 흥미로운 점은 수도권으로의 인구 집중 현상은 여전히 계속되고 있다는 것이다. 젊은 세대가 교육과 일자리를 찾아 수도권으로 몰리면서 지방은 급속한 인구 감소를, 수도권은 상대적 인구 집중을 경험하고 있다. 이러한 현상은 지역별 부동산 시장의 격차를 더욱 심화시키는 요인으로 작용하고 있다.

둘째로 건설업계 구조조정 여파다. 코로나19 팬데믹 이후 건설업계는 대대적인 구조조정을 겪었고 많은 중소 건설사가 도산하거나 사업을 축소했다. 대형 건설사도 신중한 사업 추진으로 전환했다. 그 결과 2023년과 2024년에는 분양물량이 크게 감소했고, 2026년 현재 심각한 공급 부족 상황이 나타나고 있다. 특히 수요가 집중되는 수도권과 일부 광역시에서는 공급 부족이 가격 상승 압력으로 작용하면서 전세가와 매매가를 올리고 있다.

셋째로 금리 환경의 새로운 국면이다. 글로벌 인플레이션이 점차 안정화되면서 각국의 중앙은행은 금리 인하 정책으로 전환하고 있다. 우리나라도 2024년 하반기부터 기준금리를 단계적으로 인하하기 시작했고, 이는 부동산 시장에 새로운 변수로 작용하고 있다. 금리 하락은 대출 이자 부담을 줄여 주택구매력을 높이는 효과가 있지만, 동시에 자산 가격 상승에 대한 우려도 불러일으키고 있다. 정부는 이러한 금리 하락이 부동산 시장 과열로 이어지지 않도록 다양한 정책적 대응을 준비하고 있지만, 시장의 근본적인 수급 원리를 바꿀 수는 없는 상황이다.

결국 2026년의 부동산 시장은 정책의 영향을 받으면서도 근본적으로는 수요와 공급, 그리고 금리와 같은 여러 경제적 요인에 의해 움직이고 있다. 투자자들은 정책 변화에 민감하게 반응하면서도, 동시에 시장의 기본 원리를 깊이 이해하고 장기적 관점에서 투자 전략을 수립해야 할 것이다.

현재의 부동산 사이클을 정확히 인지해야 한다. 부동산 경기가 나빠지면 건설사들은 분양 일정을 늦춘다. 2022~2024년 침체기에 따라 많은 건설사가 분양을 연기하거나 취소했다. 이는 2026~2027년 입주물량 부족으로 이어지고 있다. 그래서 현재 전국적으로 입주물량이 부족한 상황이다. 부동산R114에 따르면 2026년 수도권 아파트 입주 예정 물량은 8만 7,255가구로 예측된다. 작년(11만 9,853가구)과 비교하면 27.2% 감소한 수치다. 이러한 공급 부족이 전세가 상승을 유발하고 있으며, 매매가 상승 압력으로 작용하고 있다.

이러한 상황에서 우리가 주목해야 할 포인트는 다음과 같다.

1. 공급 부족 지역 선별
2. 정책 변화 모니터링
3. 세대별 수요 변화 대응

전국적으로 공급이 부족하지만, 특히 수도권 일부 지역과 지방 거점의 공급 부족이 심각하다. 이런 지역에 선제적으로 투자하는 것이 유리하다. 또한 AI 기반 실시간 정책 조정 시스템으로 인해 정책 변화가 더욱 빨라지고 있다. 정책 동향을 실시간으로 모니터링하는 루틴과 시스템을 구축해야 한다. 세대별 수요 변화 대응도 중요하다. 청년층 지원 정책으로 인한 수요 변화, 베이비부머 세대의 은퇴로 인한 공급 증가 등 세대별 변화에 대응한 투자 전략이 필요하다.

부동산 시장은 항상 좋을 수도, 항상 나쁠 수도 없다. 2026년 현재의 공급 부족 상황도 영원하지 않을 것이다. 아파트 분양물량을 통해 3년 뒤 입주물량을 파악하면 어느 정도 답을 알고 투자할 수 있다. 여기에 2026년의 새로운 정책 패러다임과 금리 환경까지 공부한다면 리스크를 크게 줄일 수 있을 것이다.

2026년 부동산 시장은 과거와는 완전히 다른 양상을 보이고 있다. 단순한 규제 완화나 강화로는 해결되지 않는 구조적 문제들이 대두되고 있으며, 이에 대응하는 정교한 투자 전략이 필요한 시점이다.

전세가율로 읽는 매수 타이밍

부동산 시장 분석 전문가 이현철 소장은『아파트 투자는 사이클이다』에서 현장의 분위기, 사람들의 심리가 어떻게 주택 시장에 영향을 미치는지를 분석해 아파트 사이클 5단계(상승 초기-상승-조정-폭등-하락)를 제시했다. 아파트 사이클이 10년 주기로 흐른다고 주장하는 경우도 있는데 실제로 그렇게 정확하게 10년 주기로 움직이는 것은 아니다. 공교롭게도 최근에는 2008년 하락을 기점으로 2017년 상승기를 맞이하기까지 대략 10년이 걸리긴 했다. 2017년 이후에는 알다시피 역사상 가장 큰 상승기가 찾아왔다.

하지만 사이클을 파악하는 것만으로는 정확한 투자 타이밍을 잡기 어렵다. 여기서 전세가율이라는 정교한 도구가 필요하다. 전세가율은 단순히 숫자가 아니라 시장의 온도를 정확히 측정할 수 있는 체온계와 같다. 큰 폭등 뒤에는 언제나 숨 고르기가 시작된다. 2022년 윤석열 대통령 취임 이후 미국발 금리 인상을 계기로 국내 경기가 빠르게 식어가면서 고금리·고물가·고환율 삼중고가 가속화되었다. 부동산 가격도 급속도로 하락했다. 돌이켜보면 바로 이때가 기회였다. 이런 때야말로 전세가율 분석이 빛을 발하는 때다.

매수 타이밍의
나침반, 전세가율

부동산 사이클의 흐름만 제대로 파악하고 있다면 걱정할 필요 없다. 예견된 위기는 위기가 아니라 기회다. 시장의 큰 흐름을 놓치지 않고 잘 파악하고 있다면 어떤 지역에서 사야 할지, 어떤 물건을 사야 할지, 지금이 사야 할 때인지 팔아야 할 때인지 답이 어느 정도 보일 것이다. 특히 전세가율을 통해 읽는 매수 타이밍은 감정에 휩쓸리지 않는 객관적 판단을 가능하게 한다.

매매가와 전세가의 관계를 알면 아파트 가격 추이를 알 수 있다. 더 나아가 언제 사야 할지도 정확히 알 수 있다. 실거주 목적으로 집을 살 수도 있지만 시세차익을 목적으로 전세를 놓는 사람도 있기 때문에 매매가 하나만 놓고서는 해당 부동산의 실제 가치를 알아볼 수 없다. 전세가가 유의미한 이유는 다른 데 투자하기 위해 매매가 아닌 전세를 선택하는 경우가 굉장히 드물기 때문이다. 즉 전세가는 해당 아파트의 실사용 가치를 드러내는 중요한 지표다.

만약 아파트 매매가 대비 전세가가 높다면 그만큼 실수요자 입장에서 살기 좋고 선호하는 곳이란 뜻이다. 이런 아파트는 전세가 나오면 대기 수요가 많아 바로바로 나간다. 참고로 전세가 역시 물가상승률 이상으로 계속 상승하는 특성이 있다.

입지와 평형이 같은 A아파트와 B아파트가 있다고 가정해보자. A아파트의 매매가는 5억 원이고 전세가는 4억 원으로 매매가 대비 전세가율은 80%다. B아파트의 매매가는 5억 원이고 전세가는 3억 5천만 원으로 전세가율은 70%다. 이 경우 앞으로 A아파트와 B아파트의 가격은 어떻게 흘러갈까? 물론 100% 절대적일 순 없지만 전문가 열에 일곱은 A아파트의 가치를 더 높게 칠 것이다. 하지만 투자 타이밍 관점에서 보면 답이 달라질 수 있다. 현재 시점이 상승 초기라면 B아파트가 더 좋은 투자처가 될 수 있다. 전세가율이 낮다는 것은 아직 시장에서 제대로 평가받지 못하고 있다는 의미이기도 하다.

전세가율은 시장의 국면에 따라 다르게 활용해야 한다. 상승 초기 국면에서는 전세가율이 50~60%대로 낮게 형성된 지역을 적극적으로 발굴하는 것이 핵심이다. 전세가율이 낮다는 것은 아직 시장의 관심이 충분히 몰리지 않았다는 의미이므로, 장기 보유를 전제로 매수하기에 적합하다. 남들이 주목하지 않는 지역에서 기회를 선점하는 전략이 유효한 시점이다.

시장이 본격적인 상승기에 접어들어 전세가율이 60~70%대로 올라오면, 전세가율 자체보다는 가격 상승 모멘텀에 집중해야 한다. 이 구간에서는 단기적인 수익 실현이 가능한 지역을 선별하고, 리스크를 줄이기 위해 분할 매수 전략을 활용하는 것이 바람직하다. 시장의 흐름을 타되 과도한 베팅은 피하는 균형감각이 요구된다.

조정기에 접어들어 전세가율이 70%대에 머무를 경우, 이는 우량 지역에서 일시적인 가격 조정이 나타나는 구간일 수 있다. 이때는 전세가율이 다시 하락하는지 여부를 확인한 뒤 신중하게 매수에 나서는 것이 좋다. 동시에 현금 비중을 늘려 추가적인 조정이나 기회가 올 때를 대비해야 한다. 조정기는 성급함보다는 기다림이 보상을 주는 시기다.

반대로 전세가율이 80% 이상으로 급등하는 폭등기에는 매수보다는 매도 관점에서 시장을 바라봐야 한다. 이 시기의 전세가율 급등은 과열 신호일 가능성이 높으며, 보유 중인 물건의 수익 실현을 검토할 필요가 있다. 다음 사이클을 대비해 현금을 확보하는 전략이 장기적으로 더 큰 기회를 만들어준다.

하락 국면에서는 매매가격이 빠르게 떨어지면서 전세가율이 급락하는 경우가 많다. 이때는 오히려 전세가율을 매수 신호로 활용할 수 있다. 특히 우량 지역을 중심으로 선별적인 매수를 고려하고, 바닥 신호를 포착하기 위한 보조지표로 전세가율을 활용하는 것이 효과적이다.

전세가율을 분석할 때는 개별 아파트 간 비교가 매우 중요하다. 예를 들어 전세가율이 낮은 B아파트보다 전세가율이 높은 A아파트가 유망한 이유는 크게 3가지로 정리할 수 있다. 첫째, A아파트의 전세가가 높다는 것은 그만큼 수요가 많고 인기가 높다는 의미다. 결국 수요가 몰리는 아파트일수록 매매가격 상승 가능성도 커진다. 둘째, 투자자 관점에서 보면 A아파트는 갭투자에 훨씬 유리하다. 전세가율이 높을수록 실수요뿐만 아니라 투자 수요까지 함께 유입되기 때문이다. 셋째, 입주물량이 적은 공급 부족 시기에는 전세가가 급등하는데, 이 경우 A아파트의 전세가 상승폭이 B아파트보다 클 가능성이 높다.

다만 전세가율 하나만으로 모든 판단을 내려서는 안 된다. 해당 지역의 역사적인 전세가율 평균은 어느 정도 수준인지, 인근 지역과 비교했을 때 상대적으로 높은지 낮은지, 향후 공급물량과 수요 전망은 어떤지, 그리고 금리 변동이 전세가율에 어떤 영향을 미칠 수 있는지도 함께 고려해야 한다.

결국 전세가율은 타이밍의 과학이다. 아파트 전세가격은 매매가격에 직접적인 영향을 미치며, 전세가는 해당 아파트의 가치를 보여주는 중요한 바로미터다. 더 나아가 전세가율은 정확한 매수 타이밍을 알려주는 나침반 역할을 한다. 감정에 휩쓸리지 않고 객관적인 데이터에 기반해 투자 결정을 내리고 싶다면 전세가율 분석은 선택이 아니라 필수다. 시장의 공포와 탐욕 사이에서 길을 잃지 않기 위한 가장 확실한 방법, 그것이 바로 전세가율을 통한 타이밍 분석이다. 전세가율로 시장의 온도를 읽을 수 있다면, 여러분도 한층 더 냉정하고 정확한 투자자가 될 수 있을 것이다.

신축의 함정과 구축의 기회

겨울 다음에는 반드시 봄이 온다. 어린이는 어른이 되고, 어른은 노인이 된다. 이것이 세상의 이치다. 옳고 그름의 문제가 아닌 사실이자 진리다. 아파트 분양권에 당첨되어 신축 아파트에 이사 가면 처음에는 평생 여기에서 살겠다고 다짐한다. 하지만 살다 보면 신축 아파트도 반드시 구축 아파트가 된다. 그럼 좀 더 살기 편하고 위치 좋은 신축 아파트를 찾아서 이사를 간다. 이런 순환구조 속에서 투자자들이 놓치는 함정과 기회가 숨어 있다.

왜 사람들은 한곳에서 평생 살지 못하고 이사를 다니는 걸까?

사람마다 차이가 있을 수 있지만 이유는 간단하다. 편리함을 쫓기 때문이다. 자녀들 학교 문제, 남편 직장 문제 때문에 이사하는 경우도 있지만 대부분은 새 아파트에 살기 위해 이사한다. 오래된 아파트보다 신축 아파트가 살기에 훨씬 편하고 깨끗해서다. 주차 문제도 신축 아파트가 편하다. 일단 살아보면 왜 사람들이 신축 아파트를 선호하는지 바로 알 수 있다. 하지만 이런 선호가 항상 좋은 투자 결과로 이어지는 것은 아니다. 신축에는 분명한 함정이 있고, 구축에는 숨겨진 기회가 있다.

신축 아파트의
숨겨진 함정들

신축 아파트에는 4가지 함정(프리미엄의 함정, 높은 진입장벽, 시간의 함정, 입지의 함정)이 숨어져 있다.

첫째로 프리미엄의 함정이다. 신축 아파트는 입주 시점에 이미 최고 프리미엄이 반영되어 있다. '분양가+프리미엄'이 입주 시점의 시세인데, 단기간에 여기서 추가 상승을 기대하기란 쉽지 않다. 특히 대규모 공급이 예정된 지역의 신축 아파트는 입주 후 오히려 가격이 하락하는 경우도 많다.

둘째로 높은 진입장벽이다. 신축 아파트 투자는 돈이 많이 몰려 문턱이 높다. 분양가 자체가 비싸고, 여기에 프리미엄까지 더해지면 일반 투자자가 접근하기 어려운 가격대가 된다. 청약 경쟁도 치열해 당첨 자체가 어렵다.

셋째로 시간의 함정이다. 신축이라는 '새것'의 가치는 시간이 흐르면 언젠가는 떨어지게 마련이다. 시간이 흐르면 신축은 반드시 구축이 된다. 5년, 10년이 지나면 더 이상 신축 프리미엄을 받을 수 없다.

넷째로 입지의 함정이다. 신축 아파트인데 만약 정류장, 지하철역이 멀고 심지어 학교까지 없다면 어떨까? 아파트라는 '상품'이 좋다 해도 해당 아파트 주변의 '입지'가 불만족스럽다면 큰 문제가 될 것이다. 신축의 가치만으로는 입지의 한계를 극복하기 어렵다. 신축은 반드시 구축이 되지만 입지는 영원하다.

구축 아파트의
숨겨진 기회들

부동산 투자는 수요가 있는 곳에 투자해야 실패하지 않는다. 수요가 있다는 것은 매매가 잘된다는 뜻이다. 하지만 수요가 항상 신축에만 몰리는 것은 아니다. 구축 아파트에도 분명한 투자 기회가 있다. 구축에는 4가지 숨겨진 기회(가격 메리트, 입지의 우위, 재건축 기대감, 리모델링 효과)가 있다.

첫째로 가격 메리트다. 구축 아파트는 신축 대비 저렴한 가격에 매수할 수 있다. 같은 지역, 같은 평형대라도 구축은 신축보다 20~30% 저렴한 경우가 많다. 이는 투자의 진입장벽을 크게 낮춰준다.

둘째로 입지의 우위다. 구축 아파트도 나름의 장점이 있다. 주변 인프라가 이미 갖춰져 있고, 직장 접근성과 자녀 교육에 유리한 점이 많다. 도심 접근성이 좋은 기존 주거지역에는 대부분 구축 아파트가 자리 잡고 있다.

셋째로 재건축 기대감이다. 30년 이상 된 구축 아파트는 재건축 가능성이 높다. 재건축이 추진되면 기존 시세의 2~3배 수익을 올릴 수 있는 기회가 된다.

넷째로 리모델링 효과다. 최근에는 재건축보다 리모델링을 선택하는 단지들이 늘고 있다. 리모델링을 통해 신축 못지않은 편의성을 확보하면서도 기존 입지의 장점을 그대로 유지할 수 있다.

부동산 세금 전문가 제네시스박의 『대한민국 부동산 초보를 위한 아파트 투자의 정석』을 보면 "신축과 구축 중 어디에 살아야 하는가?"라는 질문에 대한 저자의 관점을 엿볼 수 있다. 다만 거주 관점이 아닌 투자 관점에서라면 이 질문은 선택의 문제가 아니라 조합의 문제로 바뀐다. 신축이냐 구축이냐를 이분법적으로 나눌 것이 아니라, 두 자산을 어떻게 함께 활용할 것인가를 고민해야 한다.

그중에서도 가장 효과적인 전략은 신축 아파트 인근에 위치한 구축 아파트를 공략하는 것이다. 신축 아파트 주변에 있는 구축 아파트는, 구축 아파트만 밀집한 지역의 물건보다 가격 상승률이 높은 경우가 많다. 신축 아파트는 입주 이후 수요가 몰리며 가격이 빠르게 상승하는 경향이 있는데, 이 과정에서 주변 단지들과의 가격 격차를 맞추는 이른바 '키 맞추기' 현상이 나타난다. 이때 신축 인근 구축 아파트 역시 자연스럽게 가격이 끌어올려진다.

이 전략은 단계적으로 접근하는 것이 바람직하다. 첫 단계는 구축 아파트로 시작하는 것이다. 소액 부동산 투자자라면 무엇보다 가성비가 좋은 구축 아파트에 집중해야 한다. 상대적으로 저렴한 가격에 매수해 시세차익을 노리면서 투자 경험을 쌓는 단계다.

두 번째 단계에서는 신축 아파트 개발이 예정된 지역의 구축 아파트를 선제적으로 매수한다. 신축이 입주한 이후 키 맞추기 효과가 나타나면, 비교적 짧은 시간 안에 의미 있는 수익을 기대할 수 있다.

세 번째 단계는 어느 정도 자금력이 갖춰진 이후 신축 분양권 투자에 도전하는 것이다. 다만 이 단계에서는 입지와 향후 공급물량을 철저히 분석하지 않으면 오히려 수익성이 떨어질 수 있어 각별한 주의가 필요하다.

마지막 단계는 포트폴리오 다변화다. 신축과 구축을 적절히 조합해 자산 포트폴리오를 구성하되, 신축은 안정성을 담당하고 구축은 수익률을 책임지는 구조로 역할을 분담하는 것이 이상적이다.

그렇다면 신축과 구축 중 무엇을 선택해야 할까? 정답은 자신의 상황에 맞게 선택하면 된다. 신축과 구축은 각각 장점과 단점이 분명하다. 충분한 투자자금이 있고, 안정적인 수익을 원하고, 최신 편의시설과 전세 임대를 통한 안정적 현금흐름을 중시한다면 신축이 유리하다. 반면 자금이 제한적이거나 높은 수익률을 추구하고, 도심 접근성과 재건축 가능성에 주목한다면 구축이 더 나은 선택이 될 수 있다.

투자 관점에서만 보자면 신축의 손을 들어주고 싶다. 전세로 거주하더라도 사람들은 신축 아파트를 선호할 수밖에 없다. 누구나 좋아하는 '새것'의 가치는 다른 특별한 악재가 없는 한 시장에서 강력하게 작용한다. 이 때문에 장기적으로 보면 신축 아파트의 가격 상승률이 구축보다 높은 경우가 많다.

하지만 그렇다고 해서 무조건 신축이 정답은 아니다. 신축의

함정을 피하고 구축의 기회를 포착하는 것이 진정한 투자의 지혜
다. 결국 중요한 것은 신축이냐 구축이냐가 아니라, 언제, 어디서,
얼마에 사느냐다.

결론적으로 지역에 따라 신축이 기회가 될 수도 있고, 구축이
더 큰 기회가 될 수도 있다. 부동산 투자는 유연한 사고와 타이밍
이 생명이다. 한 가지 변하지 않는 진리는 모든 신축은 언젠가 반
드시 구축이 된다는 사실이다. 이 진리를 어떻게 활용하느냐에 따
라 투자 결과는 완전히 달라진다. 신축의 이름값에만 매달리지 말
고 구축이라는 기회를 가볍게 흘려보내지도 말자. 편견을 버리고
데이터와 분석에 기반한 합리적인 투자를 한다면 신축이든 구축
이든 충분히 성공적인 투자가 될 수 있다.

호재와 악재를 구분하는 눈

부동산 가격은 오를 때 민감하게 오르고 내릴 때는 둔감하게 내리는 특징이 있다. 물론 지역과 시기에 따라 다를 수 있지만 특별한 변수가 없는 한 호민악둔(好敏惡鈍) 현상은 포괄적으로 적용된다. 그 이유는 부동산 중에서도 주택은 필수재화에 가깝다. 사람이 살아가는 데 꼭 필요한 재화이기 때문에 가격 상승에 대한 저항이 적다.

똑똑한 투자자가 되기 위해서는 호민악둔 현상을 단순히 이해하는 데서 그쳐서는 안 된다. 더 중요한 것은 같은 정보를 접했을 때 그것이 진짜 호재인지, 과장된 호재인지, 일시적 악재인지, 구조적인 악재인지를 구분해낼 수 있는 해석 능력을 갖추는 것이다. 정보의 양이 아니라 해석의 질이 투자의 성과를 좌우하는 시대이기 때문이다.

예를 들어 아파트 가격이 짧은 기간에 급등하면 언론은 이를 사회적 문제로 다루며 강한 경고음을 낸다. 반면 물가상승률 수준에서 완만하게 오르는 가격 상승에 대해서는 비교적 관대하다. 이는 부동산 가격이 장기적으로 물가 상승을 반영하며 우상향한다는 인식이 사회 전반에 공유되어 있기 때문이다. 다시 말해 완만한 상승은 '자연스러운 흐름'으로 받아들이지만, 과도한 상승에는 경계심을 갖는다. 이러한 특성 때문에 부동산 시장은 단기적인 악재에는 비교적 둔감하게 반응하는 반면, 상승 기대를 자극하는 호재에는 빠르게 반응하는 경향이 있다. 물론 모든 상황에 예외 없이 적용되는 법칙은 아니지만, 장기적인 흐름에서 보면 반복적으로 관찰된 패턴이기도 하다.

투자자는 이 지점에서 한 걸음 더 나아가야 한다. 눈앞의 뉴스에 일희일비하는 것이 아니라 어떤 호재가 실제 수요와 가격을 바꿀 힘을 가진 것인지, 어떤 악재가 시장의 구조 자체를 흔드는 신호인지를 구분해야 한다. 결국 투자 성과를 가르는 것은 정보가 아니라 호재와 악재의 '성격'을 읽어내는 능력에 있다.

정보의 질이
승부를 가른다

부동산 투자에서 성공하려면 단순히 좋은 소식과 나쁜 소식을 구분하는 것이 아니라, 그 호재와 악재의 본질을 꿰뚫어보는 안목이 필요하다. 많은 투자자가 피상적인 정보에 휘둘려 잘못된 투자 결정을 내리는 이유가 바로 여기에 있다.

호재를 판단할 때 가장 중요한 기준은 지속가능성이다. 지하철 연장이나 KTX 개통과 같은 교통 인프라 개선, 대학교나 종합병원 등 대형 시설 유치, 산업단지 조성이나 대기업 이전을 통한 일자리 창출, 그리고 도시 개발이나 뉴타운 지정과 같은 장기 개발계획은 모두 지속가능한 호재의 대표적인 예다. 이런 호재는 한 번 실현되면 해당 지역에 장기간에 걸쳐 긍정적인 영향을 미치며, 부동산 가격 상승의 견고한 기반이 된다. 반면 일시적 규제 완화나 정책 변화, 올림픽이나 엑스포와 같은 단발성 이벤트, 언론의 과장된 보도나 소문에 기반한 정보들은 일회성 호재에 불과하다. 이런 호재에 현혹되어 투자하면 단기간 상승 후 급락할 위험이 매우 크고 똑똑한 투자자라면 반드시 지속가능한 호재에만 집중해야 한다.

호재의 또 다른 중요한 판단 기준은 확실성인데 이미 예산이 확정되고 공사가 시작된 사업, 법적 절차가 완료된 개발계획, 계약이 체결된 기업 이전이나 시설 유치는 모두 확정된 호재라고 볼 수 있다. 이런 호재들은 실현 가능성이 높아 투자 안전성을 보장해준다. 하지만 아직 계획 단계에 머물러 있는 사업, 정치적 변수에 좌우될 수 있는 정책, 주민 반대나 환경 문제로 지연될 가능성이 있는 사업은 불확실한 호재다. 이런 호재에 의존한 투자는 도박에 가깝고 확실성이 높은 호재일수록 투자 성공률이 높아진다.

해당 지역에 직접 영향을 미치는 개발, 도보 10분 이내 접근 가능한 인프라, 해당 단지나 인근 지역의 직접적 수혜가 있는 호재는 부동산 가격에 미치는 영향이 크고 지속적이다. 반면 광역적 차원에서 영향을 미치는 개발이나 자동차로 이동해야 접근 가능한 시설, 여러 단계를 거쳐 영향을 미치는 간접적 호재는 그 효과가 제한적이다.

악재를 바라보는 관점도 매우 중요한데 인구 감소나 고령화와 같은 인구구조 변화, 산업구조 변화로 인한 지역 경제 쇠퇴, 교통체계 변화로 인한 접근성 악화, 환경오염이나 자연재해 위험 증가는 모두 구조적 악재다. 이런 악재가 있는 지역은 반드시 피해야 한다. 하지만 금리 상승이나 정책 규제와 같은 정책적 요인, 경기 침체나 부동산 시장 조정, 일시적 소음이나 공사로 인한 불편함, 단발성 사건이나 사고는 일시적 악재다. 구조적 악재는 피해야 하지만, 일시적 악재는 오히려 좋은 매수 기회가 될 수 있다.

경기순환에 따른 일시적 침체, 정책 변화로 인한 단기적 충격, 공급 과잉으로 인한 가격 조정, 시장심리 악화로 인한 과도한 하락은 모두 회복 가능한 악재다. 이런 악재야말로 좋은 투자 기회인 반면 지역 경제의 근본적 몰락, 교통 요충지적 지위 상실, 환경오염으로 인한 거주 부적합, 자연재해로 인한 지역 기반시설 파괴는 회복 불가능한 악재에 해당한다. 이런 지역은 아예 투자 대상에서 제외해야 한다.

실제 투자 상황에서는 정보의 출처를 반드시 확인해야 한다. 공식 발표인지 단순 소문인지 구분하고, 정부 부처나 지자체 등 공신력 있는 기관의 발표인지 확인하고, 언론 보도의 정확성과 객관성을 검증해야 한다. 또 호재가 언제부터 실현되는지 구체적 일정을 확인하고, 투자 규모와 사업 규모의 적정성을 판단하고, 단계별 추진 계획의 현실성을 꼼꼼히 검토해야 한다. 유사한 호재를 가진 다른 지역과의 경쟁력을 비교하고, 호재의 독점성 여부와 대체재 존재 여부도 반드시 확인해야 한다.

결국 집값은 우상향하는 것이 맞다. 하지만 그 속도는 지역마다 천차만별이다. 호재와 악재를 정확히 판별하는 안목이 있어야만 남들보다 빠른 속도로 자산을 증식할 수 있다. 그래서 피상적인 정보에 휘둘리지 말고, 본질을 꿰뚫어보는 투자자의 눈을 길러야 한다.

부동산 시장에서 '똘똘한 한 채'라고 불리는 A급 아파트들을 보면 흥미로운 공통점을 발견할 수 있다. 시장이 상승할 때는 평균보다 훨씬 많이 오르고, 하락할 때는 상대적으로 적게 떨어지는 특성을 보인다. 이런 1급지 아파트들의 공통분모는 바로 지속가능하고 확실한 호재를 다수 보유하고 있다는 점이다. 이들 지역은 단순히 하나의 호재에 의존하지 않는다. 교통 접근성, 교육환경, 개발계획, 생활 인프라 등 여러 분야에서 안정적이고 지속적인 장점들이 복합적으로 작용한다. 지하철역과의 근접성, 우수한 학군, 확정된 재개발 계획, 대형 상권의 형성 등이 서로 시너지를 만들어내며 부동산 가격의 안정성과 성장성을 동시에 보장해준다.

성공하는 부동산 투자자가 되려면 반드시 갖춰야 할 분석능력이 있다.

첫째는 팩트와 소문을 구분하는 능력이다. 언론 보도나 인터넷에 떠도는 정보를 액면 그대로 받아들여서는 안 된다. 반드시 정보의 출처를 확인하고, 공식 발표와 단순한 소문을 명확히 구분할 수 있어야 한다. 많은 투자자가 검증되지 않은 정보에 휘둘려 잘못된 투자 결정을 내리는 것을 막을 수 있는 가장 기본적인 능력이라 할 수 있다.

둘째는 장기적 관점을 유지하는 능력이다. 단기적인 호재나 악재에 휩쓸리지 말고 5년에서 10년 후의 모습을 그려볼 수 있는 장기적 안목이 필요하다. 부동산은 단기 투기가 아닌 장기 투자의 관점에서 접근해야만 높은 수익을 얻을 수 있다. 당장의 소음이나 변화에 일희일비하지 말고, 해당 지역이 궁극적으로 어떤 방향으로 발전해나갈 것인지를 내다보는 혜안이 중요하다.

셋째는 복합적인 분석력이다. 하나의 요소만 보고 투자 결정을 내려서는 안 된다. 교통, 교육, 개발, 인구 변화, 산업구조, 생활 인프라 등 여러 요소를 종합적으로 분석할 수 있어야 한다. 각각의 요소가 서로 어떻게 영향을 미치며 전체적으로 어떤 그림을 그려내는지 파악하는 것이 성공적인 투자의 핵심이다.

넷째는 시장 타이밍을 읽는 감각이다. 아무리 좋은 호재가 있어도 시장 전체가 침체기에 접어들면 그 효과가 제한적일 수밖에 없다. 거시적인 시장 상황과 미시적인 지역 여건을 함께 고려할 수 있는 균형 잡힌 시각이 필요하다. 전체 시장의 흐름 속에서 개별 지역의 특성을 정확히 파악하고, 적절한 타이밍에 투자 결정을 내릴 수 있어야 한다.

이런 조언을 하는 이유는 명확하다. 여러분이 인생에서 더 늦기 전에, 하루라도 빨리 올바른 부동산 투자를 시작해야 하기 때문이다. 그래야만 소중한 자산을 지킬 수 있다. 무작정 투자해서는 안 된다. 반드시 호재와 악재를 정확히 구분하는 안목을 갖고 투자에 임해야 한다. 무엇보다 중요한 것은 진짜 호재와 가짜 호재를 구분하는 능력이다. 언론에서 떠드는 모든 호재가 진짜 투자 가치를 높여주는 것은 아니기 때문에 지속가능성이 없는 일회성 호재, 실현 가능성이 낮은 불확실한 호재, 해당 지역에 직접적인 영향을 미치지 못하는 간접적 호재에 주의해야 한다. 이러한 호재는 오히려 투자자를 현혹시키는 함정이 될 수 있다.

세상에 예외 없는 규칙은 없다고 하지만, 호재와 악재를 정확히 구분해 부동산에 투자한 사람은 백이면 백 자산을 잘 지켜왔고 부를 이뤄왔다. 이들의 성공 비결은 단순히 호민악둔의 원리를 아는 것을 넘어서, 진짜와 가짜를 구분하는 예리한 투자자의 눈을 갖추고 있다는 점이다. 성공의 원동력은 피상적인 정보에 휘둘리지 않고, 본질을 꿰뚫어보는 분석력에 있다. 지속가능하고 확실하며 직접적인 호재를 가진 지역을 찾아내고, 구조적이고 회복 불가능한 악재는 철저히 피하는 것. 이것이 바로 성공의 지름길임을 명심하길 바란다.

인구 절벽론, 진실은 무엇일까?

최근 부동산 관련 커뮤니티에서 가장 뜨거운 감자 중 하나가 바로 '인구 절벽론'이다. 인구가 줄어드니까 집값이 폭락할 것이라는 논리가 마치 진리인 양 포장되어 유포되고 있다. 과연 이것이 진실일까? 인구 감소와 부동산 가격의 관계를 단순하게 해석하는 것은 위험한 발상이다.

폭락론자들의 주장을 살펴보자. 우리나라의 절대인구가 2020년부터 줄어들고 있고, 앞으로 그 감소 속도가 더 빨라질 것이기 때문에 부동산 가격도 폭락할 것이라는 논리다. 언뜻 들으면 그럴듯해 보인다. 사람이 줄어들면 집을 사는 사람도 줄어들 테니까. 하지만 현실을 보자. 통계청 자료에 따르면 경기도, 인천, 세종 등은 인구 증가 추세에 있으며 반대로 서울, 부산, 대구 등 전통적인 대도시는 인구가 감소하거나 정체된 모습이다. 특히 서울시는 최근 몇 년간 총인구가 감소세를 보이고 있다.

이런 인구 이동 양상을 단순히 '폭락론'의 논리로만 해석할 수는 없다. 폭락론자들의 주장대로라면 인구가 빠르게 줄어드는 지역의 부동산 가격이 이미 대폭 하락했어야 한다. 하지만 2022년에서 2024년에 걸친 부동산 조정기에도 전통적인 대도시는 상대적으로 가격 방어에 성공하거나 일부 지역은 오히려 상승했다. 이는 인구수만으로 부동산 시장의 방향을 설명할 수 없다는 사실을 보여주는 사례다.

관건은
가구수

필자가 수년간 부동산 시장을 분석하면서 내린 결론은 명확하다. 인구수보다는 가구수가 훨씬 중요하다. 왜냐하면 집을 사는 단위는 개인이 아니라 가구이기 때문이다. 통계청 자료를 보면 놀라운 사실을 발견할 수 있다. 인구는 감소하고 있지만 가구수는 오히려 증가하고 있다. 더욱 놀라운 것은 이 증가 추세가 2041년까지 지속될 것이라는 전망이다. 통계청이 발표한 장래가구추계에 따르면 전국 가구수는 2041년 2,437만 2천 가구까지 증가한 후 감소하기 시작해 2052년에는 2,327만 7천 가구 수준에 이를 것이라고 한다.

이게 무슨 의미일까? 인구는 이미 감소하기 시작했지만 실제 주택 수요를 결정하는 가구수는 앞으로 15년간은 더 증가한다는 뜻이다. 인구 절벽론자가 놓치고 있는 핵심이 바로 이것이다. 가구수 증가의 주요 원인은 가구 규모의 축소다.

전국 평균 가구원 수는 2022년 2.26명에서 2052년 1.81명으로 줄어들 전망이다. 기존 대가족이 핵가족으로, 핵가족이 1~2인 가구로 분화되고 있는 것이다. 특히 1인 가구의 증가는 폭발적이다. 2024년 1인 가구가 처음으로 800만 가구를 넘었고, 전체 가구 중 비중도 36%대로 역대 최고였다. 지역별로는 서울(39.9%)이 가장 높고 이어 대전(39.8%), 강원(39.4%), 충북(39.1%) 순이었다. 2050년에는 모든 시·도에서 1인 가구가 주류가 될 전망이다. 이는 단순한 통계 변화가 아니라 부동산 시장의 패러다임 자체가 바뀌고 있음을 의미한다.

그렇다면 왜 이런 가구 분화 현상이 나타나는 것일까? 단일한 원인이 아니라 여러 요인이 복합적으로 작용한 결과다.

첫째, 주거 문화의 변화다. 과거 단독주택 중심의 주거환경에서는 3대가 함께 사는 것이 그리 어렵지 않았다. 방이 많고 마당이 있어 여러 세대가 함께 살아도 큰 불편이 없었다. 하지만 아파트 중심의 주거 문화가 정착되면서 상황이 달라졌다. 제한된 면적의 아파트에서 여러 세대가 함께 생활하기에는 물리적·정서적 여건이 부족해졌다.

둘째, 경제적 독립성의 확대다. 특히 여성의 경제활동 참여가 증가하면서 젊은 세대의 경제적 독립 시점이 앞당겨졌다. 부모에게 의존하지 않고도 독립적으로 생활할 수 있는 기반이 마련되면서 가구 분화가 가속화되었다.

셋째, 가치관의 변화다. 개인주의 문화가 확산되며 프라이버시와 개인 공간을 중시하는 경향이 강해졌다. 결혼 연령은 늦어지고, 비혼을 선택하는 사람도 늘어나면서 1~2인 가구가 빠르게 증가하고 있다.

하지만 이러한 변화가 전국에서 균등하게 나타나는 것은 아니다. 지역별로, 세대별로 전혀 다른 양상을 보인다. 통계청이 발표한 최근 20년간 수도권 인구 이동 자료를 보면 청년층(19~34세)의 순유입은 지속되는 반면, 중장년층(40~64세)은 2007년부터 줄곧 순유출이 이어지고 있다. 가족 없이 홀로 지방에서 수도권으로 혹은 수도권 안에서 거처를 옮기는 '1인 가구 이동'이 두드러진 것이 특징이다. 그도 그럴 것이 수도권으로 이동하는 주체의 상당수가 아직 취업 전이거나 결혼 전인 청년층이기 때문이다. 직장, 학업, 커리어 등의 이유로 유입된 청년층이 가구수 증가를 주도하고 있는 것이다.

수도권 내부 흐름을 보면 서울은 최근 20년간 순유출이 지속되고 있다. 서울에서 빠져나간 이들은 주로 경기도로 향했다. 청년층의 이동 흐름을 보면 서울은 순유출, 경기와 인천은 주로 순유입이다. 비수도권과의 이동에서는 서울, 경기, 인천 순으로 순유입이 많았는데, 이는 비수도권에서 서울로 먼저 이사한 뒤 다시 경기나 인천으로 옮겨가는 청년층이 많다는 의미다.

가구수가 증가하면서 주택 수요는 오히려 확대되는 모습이다. 특히 20~30평대 소형 아파트에 대한 수요가 눈에 띄게 늘고 있다. 지방 대도시는 대학가를 중심으로 1인 가구가 증가하면서 원룸이나 오피스텔 수요가 꾸준히 늘고 있다. 반면 기존 대형 아파트는 수요 둔화로 공급 과잉 우려가 커지고 있다. 참고로 지방 소도시는 인구 감소와 고령화가 동시에 진행되면서 주택 수요 전반이 위축되고 있다. 이러한 지역에 투자할 생각이라면 선별적인 접근이 필요하다.

장기적으로 주목해야 할 또 하나의 변수는 이민 정책이다. 인구수 감소에 대비해 정부는 이민 정책을 적극적으로 검토하고 있다. 우리나라는 전통적으로 단일민족 정체성이 강해 이민 정책에 소극적이었지만, 노동력 부족 문제가 심화되면서 정책 전환이 불가피해지고 있다. 실제로 캐나다는 연간 약 50만 명의 이민자를 받아들이고 있으며, 독일 역시 19세기부터 적극적인 이민 정책을 펼쳐왔다. 우리나라도 법무부 산하 이민청 설립을 발표하는 등 본격적인 정책 변화의 신호가 나타나고 있다.

2024년 말 기준 국내 체류 외국인은 265만 명으로 전년 대비 5.7% 증가했다. 향후 이민 정책이 본격화된다면 인구 감소 속도가 둔화되거나, 일부 지역에서는 인구 증가로 전환될 가능성도 있다. 이는 부동산 시장에 또 다른 중요한 변수가 될 것이다.

이러한 변화 속에서 어떤 전략을 세워야 할까? 단기적으로는 소형 평형에 주목할 필요가 있다. 1인 가구 증가 흐름에 맞춰 20~30평대 아파트나 입지가 뛰어난 오피스텔은 여전히 유망하다. 특히 대중교통 접근성이 좋고 편의시설이 잘 갖춰진 지역의 소형 주택은 임대 수요도 안정적이다.

중기적으로는 인구구조 변화에 대응할 수 있는 지역 선별이 중요하다. 고령화에 대비해 의료 인프라가 잘 갖춰진 곳이나, 생활 반경이 압축된 콤팩트시티 개념이 도입되는 지역은 주목할 만하다.

장기적으로는 이민자 유입이 예상되는 지역, 글로벌 산업·물류·업무 거점으로 성장할 가능성이 있는 지역을 눈여겨봐야 한다.

이처럼 인구와 부동산 가격의 관계는 생각보다 훨씬 복잡하다. 인구 절벽론자들의 단순한 논리로는 설명할 수 없는 변수들이 동시에 작용하고 있다. 인구는 줄어들지만 가구수는 증가하고, 대형 평형 수요는 감소하는 반면 소형 평형 수요는 늘어나고 있다. 중요한 것은 이러한 변화의 흐름을 정확히 읽고 대응하는 것이다. 무조건적인 폭락론도, 근거 없는 낙관론도 모두 위험하다. 데이터에 기반한 냉정한 분석과 지역별·평형별 차별화 전략만이 성공적인 투자를 가능하게 한다.

결국 기억해야 할 핵심은 단순한 인구수가 아니라 가구수와 그 가구들이 원하는 주거 형태다. 그들이 어떤 집을 원하고, 어디에 살고자 하는지를 정확히 파악하는 것. 그것이 성공적인 부동산 투자의 출발점이다.

시장 신호를 읽는 5가지 지표

최근 부동산 시장을 보면 많은 투자자가 혼란스러워하고 있는 양상이다. 수도권 핵심 입지를 제외한 지방의 상황을 보면, 아파트 가격이 꼭지에 있던 시기에 영끌로 투자한 사람들이 곡소리를 내고 있고 일부 지역에서는 벌써 바닥 신호가 나타나고 있다. 가격이 떨어져서 곡소리가 나고, 금리가 상승해 매달 납입하는 이자가 늘어나서 곡소리가 난다. 손해를 보고 팔려고 해도 팔 수 없다 보니 가정이 파탄 나기 직전인 사람도 많다.

하지만 이런 혼란 속에서도 시장의 신호를 정확히 읽는 투자자는 새로운 기회를 포착하고 있다. 부동산 투자로 돈을 못 버는 사람들의 특징은 호재에 사고 악재에 판다는 점이다. 반대로 성공하는 투자자는 시장 신호를 읽는 5가지 핵심 지표를 활용해 '악재에 사고 호재에 판다'는 철학을 실천한다.

5가지
핵심 지표

첫 번째 지표는 하이먼-민스키 이론에서 찾을 수 있다. 부동산 시장의 사이클을 이해하는 데 있어 하이먼-민스키의 버블 생성과 붕괴 모델은 매우 유용한 분석도구다. 이 모델은 원래 주식 시장 분석을 위해 개발되었지만, 부동산 시장에도 정확하게 적용할 수 있는 이론적 틀을 제공한다.

하이먼-민스키 모델에 따르면 부동산 버블의 형성 과정은 단계적으로 진행된다. 먼저 현명한 투자자들이 시장이 조용할 때 안목 있는 투자 기회를 포착해 시장에 진입한다. 이후 가격 상승이 본격화되면서 언론의 주목을 받기 시작하고, 이는 다시 일반 투자자의 대거 참여로 이어진다. 시장이 과열되면서 열정과 탐욕 그리고 환상이 투자자들을 지배하게 되고, 급등하는 가격에 그럴듯한

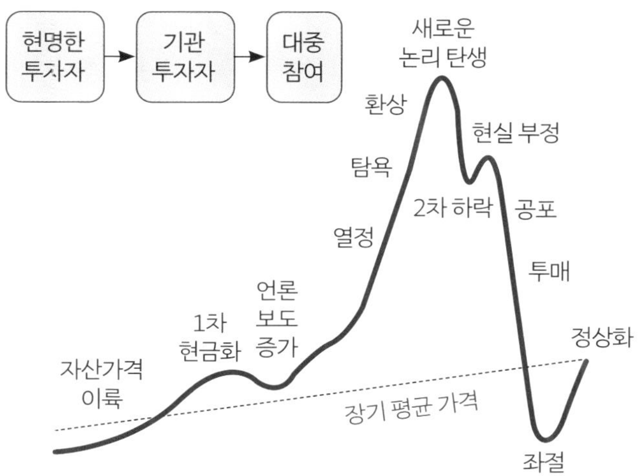

새로운 논리들이 등장하면서 버블을 정당화하려고 시도한다.

하지만 모든 버블이 그렇듯 부동산 버블 역시 붕괴 단계를 피할 수 없다. 급락이 시작되면 처음에는 대중이 이를 일시적인 조정으로 받아들이면서 현실을 부정한다. 그러나 손실이 커지면서 공포가 시장 전반에 확산되고, 결국 너도나도 급매물을 내놓는 투매 현상이 발생한다. 이 과정에서 가격은 장기 평균 가격보다도 아래로 떨어지며 바닥을 형성한 후, 서서히 상승해 적정 가격 수준으로 정상화되는 과정을 거치게 된다.

　　현재 지방 부동산 시장을 하이먼-민스키 모델의 관점에서 분석해보면, 공포가 확산되고 투매 현상이 나타나는 4~5단계 구간에 위치해 있는 것으로 판단된다. 이러한 단계적 분석은 곧 시장의 바닥이 형성될 가능성이 높다는 신호로 해석할 수 있으며, 장기적 관점에서 투자 기회를 모색할 시점이 다가오고 있음을 시사한다.

　　두 번째 지표는 공급과 수요의 불균형 여부다. 부동산 가격의 사이클을 면밀히 관찰해보면 '정부의 규제 강화로 인한 가격 하락, 이어지는 공급 부족 현상, 다시 시작되는 가격 상승, 공급 증가, 그리고 재차 가격 하락'이라는 일정한 순환 패턴을 반복하는 것을 확인할 수 있다.

　　공급 부족 상황이 나타나고 있다는 신호들은 여러 지표를 통해 파악할 수 있다. 가장 명확한 신호는 미분양 물량이 전년 대비 50% 이상 급격히 감소하는 것이다. 또 건설사들이 시장 상황을 우려해 분양을 연기하거나 아예 취소하는 사례가 증가하고, 건설사들의 수주잔고가 감소하고, 전체적으로 건축 허가 건수가 줄어드는 현상도 공급 부족을 예고하는 중요한 지표라고 볼 수 있다.

　　반면 수요가 회복되고 있다는 신호들도 여러 측면에서 나타난다. 청약 경쟁률이 상승하기 시작하고, 매물이 시장에 나온 후 거래되기까지의 대기 기간이 단축되며, 실거래 기준 거래량이 증가하는 양상을 보인다. 특히 전세 수요가 증가하는 것은 주거 수요의 전반적인 회복을 나타내는 중요한 신호로 해석할 수 있다.

현재 부동산 시장 상황을 이러한 지표들로 분석해보면, 공급 부족을 나타내는 신호들이 매우 뚜렷하게 나타나고 있다. 2022년부터 2024년까지 이어진 시장 침체기 동안 많은 건설사가 불확실한 시장 전망을 우려해 분양 계획을 연기하거나 아예 취소하는 결정을 내렸다. 이러한 공급 축소는 시차를 두고 나타나는 특성상 2025년부터 2027년까지는 주택 공급 부족 현상이 심화될 것으로 전망된다. 이는 향후 부동산 시장의 수요와 공급 측면에서 심각한 불균형이 예상된다.

세 번째 지표는 정책 신호다. 세 번째 핵심 지표는 정부 정책의 방향성을 파악하는 것이다. 정부 정책은 부동산 가격 변동에 상당한 영향을 미치는 매우 중요한 요소로, 시장 참여자들이 반드시 주시해야 할 변수다.

정부가 부동산 규제를 완화하는 방향으로 정책을 전환할 때 나타나는 신호들은 명확하다. 먼저 주택담보대출비율인 LTV와 총부채상환비율인 DTI 기준을 완화해 대출 접근성을 높이는 조치가 나타난다. 세제 측면에서는 양도소득세와 취득세 부담을 줄여 거래 활성화를 유도하고, 종합부동산세 부담을 완화해 다주택 보유자들의 세금 부담을 덜어주는 정책들이 시행된다. 또한 기존에 지정되어 있던 규제지역을 해제해 해당 지역의 거래와 개발을 촉진하는 조치들도 규제 완화의 대표적인 신호로 볼 수 있다.

반대로 정부가 부동산 규제를 강화하려는 의도를 보일 때도 뚜렷한 신호들이 나타난다. 대출 관련 규제를 강화해 과도한 레버리지를 억제하려 하고, 종합부동산세를 비롯한 각종 보유세를 인상해 투기 수요를 차단하려고 시도한다. 새로운 지역을 규제지역으로 확대 지정하거나, 분양가 상한제를 적용해 가격 상승을 직접적으로 통제하려는 정책들도 규제 강화의 명확한 신호로 해석된다.

현재 정부 정책의 흐름을 종합적으로 분석해보면, 전반적으로 수도권은 규제를 강화하고 지방은 완화하는 투트랙으로 정책 기조가 전환된 상황이다. 이러한 정책 변화는 부동산 시장에 있어서 매도와 매수 신호로 해석할 수 있으며, 향후 거래량 감소와 거래 활성화에 영향을 미칠 것으로 전망된다. 다만 정책 효과는 시차를 두고 나타나는 특성이 있어 실제 시장 변화까지는 일정 시간이 소요될 수 있음을 염두에 둬야 한다.

네 번째 지표는 금리와 유동성 지표다. 금리 환경과 시중 유동성의 변화를 파악해야 한다. 금리와 유동성은 부동산 투자의 자금 조달 비용과 직결되기 때문에 시장 동향을 예측하는 핵심적인 요소다.

부동산 시장에 매수 신호가 나타나는 금융 환경의 특징을 살

퍼보면 다음과 같다. 먼저 한국은행의 기준금리가 하락 전환하기 시작하면 전반적인 자금 조달 비용이 낮아지게 된다. 또 시중금리와 기준금리 간의 스프레드가 축소되면서 실제 대출금리가 안정화되는 양상을 보인다. 정부와 금융당국이 대출 규제를 완화해 자금 접근성이 개선되고, 주식 시장에서 부동산 시장으로 투자자금이 이동하는 현상도 나타나게 된다.

반면 부동산 시장에 매도 신호를 보내는 금융 환경도 명확한 특징을 가지고 있다. 기준금리가 급격히 상승하면서 대출 이자 부담이 크게 늘어나고, 이에 따라 대출금리도 동반 상승하게 된다. 시중 전반에 유동성이 부족해지는 경색 현상이 나타나며, 정부가 과열 억제를 위해 대출 규제를 강화하는 정책을 시행하게 된다. 이러한 환경에서는 부동산 투자 매력도가 현저히 떨어지게 된다.

현재 금융 환경을 분석해보면 2024년 하반기부터 금리 안정화를 나타내는 신호들이 뚜렷하게 관찰되고 있다. 그동안 지속적으로 상승했던 금리가 안정세를 보이기 시작했고, 이는 부동산 시장에 긍정적인 요인으로 작용하고 있다. 금리 안정화는 투자자들의 자금 조달 부담을 덜어주고, 매수 심리 회복에도 도움이 되고 있어 향후 시장 회복의 토대가 되고 있는 상황이다.

그럼 최근 주택담보대출 상황은 어떨까? 큰 흐름에서 보면 기준금리가 인하 기조인 것은 맞지만 최근에 다시 주택담보대출 금

• 5대 시중은행 주담대 금리

단위: %

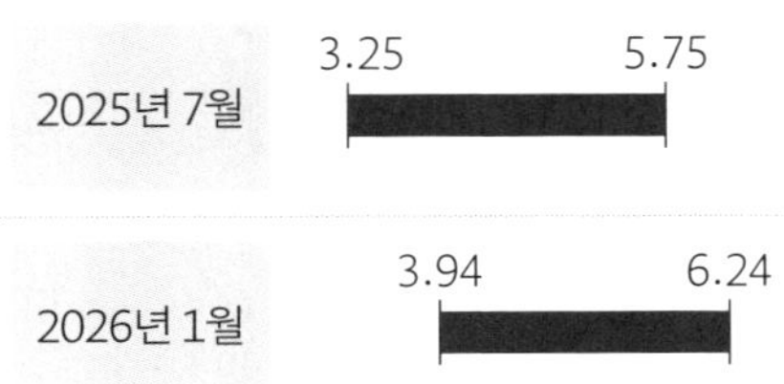

* 고정·혼합금리 기준

• 저금리 대출자 월 상환액 변화 추정

구분	2021년	2026년(금리 하단)	2026년(금리 상단)
적용 금리	연 2.3%	연 3.9%	연 6.2%
월 상환액	192만 원	236만 원	306만 원

* 2021년 5년 혼합형으로 5억 원 대출(30년·원리금 균등)한 차주 기준

리 상단이 6%대에 고착화하면서 대출자들의 이자 부담이 커진 상황이다. 2026년 1월 4일 5대 시중은행의 1월 2일 기준 주택담보대출 혼합형(고정) 금리 밴드는 연 3.94~6.24%인 것으로 나타났다. 반년 전인 2025년 7월 초 금리 밴드(연 3.25~5.75%)와 비교하면 하단은 0.69%p, 상단은 0.49%p 상승했다. 금융당국이 가계대출 등 부채 관리에 고삐를 조이고, 은행채 대량 발행에 수급이 악화하면서 시장금리가 요동친 것이 원인으로 보인다. 만일 저금리 시

절인 2021년 혼합형 대출(5년 주기 금리 변동)을 2%대로 받았다면 월 원리금 상환액이 최대 100만 원 이상 불어났을 것이다.

이처럼 금리 정책과 환경은 국내외 경제 상황에 따라 유동적일 수 있어 지속적인 모니터링이 필요하다.

다섯 번째 지표는 심리 지표와 언론 보도다. 부동산 시장 분석에서 다섯 번째이자 마지막 핵심 지표는 시장심리와 언론 보도의 방향성을 읽는 것이다. 시장 참여자들의 심리 상태와 언론의 보도 경향은 실제 시장 상황을 반영하면서도 동시에 미래 시장 흐름을 예측할 수 있는 중요한 바로미터 역할을 한다.

매수 신호에 해당하는 시장심리는 극도의 비관론이 팽배한 상황에서 나타난다. 언론에서는 부동산 폭락론을 다룬 기사가 연일 보도도고, 투자자들 사이에서는 극도로 비관적인 전망이 지배적인 분위기를 형성한다. 이러한 상황에서는 부동산 관련 유튜브 콘텐츠의 조회수가 급격히 감소하고, 부동산 투자 세미나나 강의의 참석률도 현저히 떨어지게 된다. 일반 대중이 부동산에 대한 관심을 잃고 외면하는 시기가 역설적으로 매수의 기회가 될 수 있다.

반대로 매도 신호는 극도의 낙관론이 시장을 지배할 때 나타난다. 언론에서는 부동산 투자 성공 사례를 연일 보도하며 시장의 열기를 부추기고, 일반인들로부터 부동산 투자 문의가 폭증하게 된다. 부동산 관련 콘텐츠의 조회수가 급증하고, 평소 부동산에 관심이 없던 일반인들까지도 부동산에 관심을 보이기 시작한다. 이처럼 모든 사람이 부동산에 열광할 때가 바로 매도를 고려해야 할 시점이다.

현재 부동산 시장의 심리 지표를 분석해보면, 매수 신호에 해당하는 극도의 비관 상태에 있다고 판단된다. 시장 참여자들의 심리가 바닥에 가까운 수준까지 떨어져 있어 향후 반등 가능성을 시사하고 있다.

이러한 5가지 지표를 종합적으로 분석해본 결과, 현재 시점은 매수 타이밍에 점차 가까워지고 있는 것으로 판단된다. 하지만 성공적인 부동산 투자를 위해서는 단순히 매수 타이밍을 포착하는 것을 넘어서 2년 또는 4년 후에 호재가 많이 예상되는 지역과 물건을 미리 발굴할 수 있어야 한다.

부동산 투자에서는 투자하는 시점과 매도하는 시점 사이에 최소 2년에서 4년 정도의 시차가 존재하는 것이 일반적이다. 이러한 시간차를 전략적으로 활용해 현재는 저평가되어 있지만 미래에 개발 호재나 인프라 확충 등으로 가치가 상승할 가능성이 높은 지역과 물건을 선별해 투자하는 것이 핵심이다. 결국 성공적인 부동산 투자는 현재의 시장 상황을 정확히 읽는 동시에 미래의 변화를 예측하는 능력에서 나오는 것이다.

시장 신호를 읽는 5가지 지표를 제대로 활용한다면 남들이 두려워할 때 용기 있게 투자하고, 남들이 탐욕에 빠져 있을 때 냉정하게 매도할 수 있다. 산이 높으면 골이 깊고, 떨어진 곳은 반드시 오른다는 2가지 철학을 잊지 말자. 그리고 시장의 신호를 정확히 읽어 '악재에 사고 호재에 팔자'는 원칙을 실천한다면 부동산 투자로 성공할 수 있을 것이다.

시장 사이클별 대응 전략

부동산 투자에서 가장 어려운 것은 '언제' 사고 '언제' 파느냐다. 특히 상승기에 투자를 시작한 부린이일수록 하락장을 경험해보지 못했기 때문에 출구 전략을 세우는 데 큰 어려움을 겪는다. 흔히 지역 대장 아파트처럼 우량자산은 웬만한 악재에도 장기적으로 우상향한다고 말하지만, 처음부터 그런 비싼 자산에 투자하는 것은 현실적으로 쉽지 않다.

그래서 더욱 중요한 것이 부동산 사이클에 대한 이해다. 부동산 시장은 일정한 흐름대로 반복하는 패턴을 보인다. 수요와 공급의 변화, 정부 정책, 금리, 대외 경제 여건 등 다양한 요인이 맞물리며 사이클을 형성하고 여러 요인이 각 국면마다 서로 다른 신호로 나타난다. 성공적인 투자를 위해서는 이 신호를 읽어내는 능력이 필요하다.

4단계 사이클별 투자 전략

부동산 시장은 크게 네 단계(침체기-회복기-상승기-정점기)의 사이클을 반복한다. 각 단계의 특징을 이해하면 매수와 매도의 타이밍이 보다 명확해진다.

먼저 침체기(Bottom Phase)다. 이 시기에는 거래량이 급감하고 가격은 하락하며, 시장에는 극도의 비관론이 팽배하다. 하지만 역설적으로 투자자에게는 가장 좋은 매수 구간이기도 하다. 보통 1~2년 정도 지속된다.

다음은 회복기(Recovery Phase)다. 거래량이 서서히 회복되고 가격은 안정세를 보인다. 시장 분위기는 조심스러운 낙관론으로 바뀌며, 이 시기에는 지속적인 매수와 포트폴리오 확대 전략이 유효하다. 기간은 대체로 2~3년이다.

세 번째는 상승기(Expansion Phase)다. 거래량이 급증하고 가격이 빠르게 오르며 투자 열풍이 불기 시작한다. 이 단계에서는 이미 매수보다는 매도를 준비해야 할 시점이다. 보통 2~4년가량 이어진다.

마지막은 정점기(Peak Phase)다. 시장은 과열되고 버블 논란이 등장하며 극도의 낙관론이 지배한다. 이때는 적극적인 매도를 통해 현금을 확보해야 한다. 정점기는 대체로 6개월에서 1년 정도로 짧다.

사이클을 이해하는 것만큼 중요한 것은 각 단계가 전환되는 시점을 포착하는 일이다. 특히 상승기에서 하락기로 넘어가는 신호를 조기에 인지하는 것이 투자 성패를 좌우한다.

첫 번째 신호는 청약 시장의 온도 변화다. 아파트 청약 경쟁률이 하락하기 시작하면 주의해야 한다. 청약은 주로 무주택자가 참여하는 시장이다. 경쟁률이 낮아진다는 것은 무주택자들이 향후 집값 하락을 예상하고 관망에 들어갔다는 의미일 가능성이 크다. 청약 경쟁률이 3개월 연속 하락하거나 전년 대비 절반 이하로 떨어진다면 하락 신호로 해석할 필요가 있다.

두 번째는 미분양 물량의 증가다. 특히 준공 후 미분양이 늘어나는 지역은 위험 신호다. 이는 실수요가 시장에서 이탈했음을 의미하며, 전세가와 매매가 모두에 부정적인 영향을 미친다. 해당 지역 미분양이 전년 대비 2배 이상 증가하거나 전국 미분양의 상당 비중을 차지한다면 경계해야 한다.

세 번째는 입주물량의 급증이다. 공급이 몰리는 지역은 전세가부터 흔들린다. 신축 전세가가 하락하면 주변 구축 아파트까지 영향을 받고, 이는 결국 매매가 하락으로 이어진다. 향후 2~3년간 입주물량이 기존 주택 재고의 10%를 넘거나 대규모 공급이 연속으로 예정되어 있다면 신중한 접근이 필요하다.

네 번째는 거래량 감소다. 부동산 가격은 거래가 활발할 때 상승한다. 반대로 거래가 줄어들면 가격은 버티기 어렵다. 거래량이 3개월 연속 감소하거나 전년 대비 30% 이상 줄어든다면 시장 활력이 꺾였다고 봐야 한다.

다섯 번째는 전세가 하락이다. 전세가격은 아파트의 실사용 가치를 보여주는 지표다. 대부분의 하락장은 전세가 하락이 먼저 나타난 뒤 매매가가 따라온다. 전세가 3개월 연속 하락하거나 전세가율이 60% 이하로 내려간다면 매매가 조정 가능성을 염두에 둬야 한다.

일단 상승기에서 정점기로 넘어가는 신호가 보이면 단계적인 매도 계획을 세워야 한다. 수익률이 높은 물건부터 정리하고 현금 비중을 늘려 다음 사이클을 준비한다.

정점기에서 침체기로 전환될 때는 과감한 대응이 필요하다.

손절 기준을 명확히 정하고, 필요하다면 전량 매도 후 현금으로
대기하는 전략이 유효하다.

반대로 침체기에서 회복기로 넘어갈 때는 우량자산을 중심으
로 점진적인 매수를 시작하고, 장기 보유 전략을 수립해야 한다.

부동산 하락 신호는 다음의 5가지로 요약할 수 있다.

1. 청약 경쟁률 하락

2. 미분양 증가

3. 입주물량 확대

4. 거래량 감소

5. 전세가 하락

다만 이 신호들이 한꺼번에 나타나는 경우는 드물다. 보통
1~2개 신호가 먼저 등장하고, 시간이 지나며 나머지가 뒤따른다.
따라서 일부 신호만 보여도 경계해야 하며, 3가지 이상이 동시에
나타난다면 적극적인 대응이 필요하다.

또 이러한 신호는 지역별로 다르게 나타난다. 수도권과 지방,
대도시와 중소도시, 신도시와 기존 도심은 각기 다른 사이클을 가
진다. 전국 흐름과 함께 지엽적인 지역 특성을 반드시 함께 고려
해야 한다.

결국 부동산 투자의 성패는 사이클을 읽는 능력에 달려 있다. 시장의 흐름을 이해하고 각 단계의 신호를 정확히 해석할 수 있다면, 변곡점에서도 흔들리지 않는 투자 결정을 내릴 수 있다.

금리 변동기
생존 매뉴얼

2022년부터 시작된 금리 급등은 부동산 시장의 게임 룰을 근본적으로 바꿔놓았다. 불과 2년이라는 짧은 기간 동안 한국은행 기준금리는 0.5%에서 3.5%까지 인상되었고, 이에 따라 주택담보대출 금리는 6~7%대를 오르내리며 투자자들에게 큰 충격을 안겼다.

과거 1~2%대 저금리 환경에 익숙했던 투자자들은 갑작스럽게 늘어난 이자 부담 앞에서 전략 수정이 불가피해졌다. 특히 영끌 투자를 감행했던 사람들은 월 상환액이 배로 늘어나며 심각한 압박을 받았다. 이자 부담을 감당하지 못해 보유 물건을 급매로 내놓거나, 추가 자금을 투입해야 하는 선택의 기로에 놓인 경우도 적지 않다.

이제 단순히 '부동산은 결국 오른다'는 기대만으로 버틸 수 있는 시대는 지났다. 금리는 부동산 투자의 전제조건 자체를 바꾸는 가장 강력한 변수이기 때문이다. 저금리 시대에 통하던 전략과 사고방식을 그대로 유지한다면, 더 이상 수익은커녕 생존조차 어려운 환경이 펼쳐졌다. 변화된 금리 환경에 맞는 새로운 투자 전략과 생존 방식이 필요한 시점이다.

금리의
3가지 경로

금리가 부동산 시장에 미치는 영향은 단순하지 않다. 금리는 여러 경로를 통해 동시에 작용하며, 그 영향은 생각보다 빠르고 강력하다. 금리는 3가지 경로로 부동산 시장에 영향을 미친다.

첫 번째는 구매력에 대한 직격탄이다. 금리 상승의 가장 직접적인 효과는 주택 구매력의 급감이다. 일반적으로 금리가 1%p 상승하면 동일한 소득 조건에서 구매 가능한 주택 가격은 약 10%가량 줄어든다. 예를 들어 연소득 8천만 원인 가구가 DSR 40% 기준으로 대출을 받는다고 가정해보자. 금리가 2%일 때는 약 6억 원 수준의 대출이 가능하지만, 금리가 5%로 오르면 대출 한도는 약 4억 원으로 줄어든다. 소득은 그대로인데 살 수 있는 집의 가격이 2억 원이나 낮아지는 셈이다.

이러한 구매력 감소는 개별 가구의 문제가 아니라 시장 전체의 수요를 위축시키는 요인으로 작용한다. 매수 가능한 계층이 줄어들면 거래량이 급감하고, 이는 곧 가격 하락 압력으로 이어진다.

두 번째는 투자 수익성의 구조적 악화다. 금리 상승은 부동산 투자의 수익구조 자체를 흔든다. 특히 갭투자의 경우 전세 수익률과 대출금리의 차이가 수익의 핵심인데, 금리가 오르면 이 스프레드가 급격히 축소되거나 역전되는 상황이 발생한다.

저금리 시기에는 전세 수익률이 대출금리를 상회하며 비교적 안정적인 구조가 가능했지만, 고금리 환경에서는 전세 수익으로 이자를 감당하지 못하는 경우가 속출한다. 이로 인해 투자자는 매달 추가 현금을 투입해야 하고, 이는 장기적으로 현금흐름 위기를 초래한다.

세 번째는 자산 가치 재평가 효과다. 부동산은 결국 임대료라는 현금흐름을 창출하는 자산이다. 금리는 이 현금흐름을 현재 가치로 환산하는 할인율 역할을 한다. 금리가 상승하면 동일한 임대료라도 현재 가치는 낮아지고, 이는 부동산 가격에 구조적인 하방 압력으로 작용한다.

이러한 변화는 단기적인 시장 심리의 문제가 아니라, 자산 가치 평가 기준 자체가 달라졌다는 의미다. 따라서 금리 상승기에는 가격 조정을 일시적 현상이 아닌 구조적 변화로 인식할 필요가 있다.

금리 사이클별
맞춤형 투자 전략

금리는 일정한 사이클을 반복한다. 상승기, 정점기, 하락기를 거치며 시장 환경과 투자 전략도 완전히 달라진다.

금리 상승 초기 단계에서는 기준금리 인상이 시작되고 시장에 관망세가 확산된다. 이 시기의 핵심 전략은 방어다. 변동금리 대출을 점검하고, 가능하다면 고정금리로 전환하며 신규 투자는 중단하고 현금 비중을 늘려야 한다.

금리 상승 가속화 단계에서는 연속적인 금리 인상으로 시장이 흔들린다. 이 단계에서는 생존이 최우선이다. 수익성이 낮은 자산부터 정리하고, 월 현금흐름이 적자인 물건은 과감히 매도해야 한다. 이 시기에 물타기는 치명적일 수 있다.

금리 정점기에는 시장이 극도의 비관론에 휩싸이지만, 역설적으로 가장 좋은 기회가 만들어지는 구간이다. 현금을 보유한 투자자에게는 선별적 매수 기회가 열린다. 단 분할 매수 전략으로 신중하게 접근해야 한다.

금리 하락 전환기 때는 첫 번째 금리 인하가 단행되면서 시장심리는 서서히 반전된다. 이 시기는 본격적인 매수 준비 구간이다. 레버리지를 점진적으로 활용하며 상승 사이클 초입에 진입하는 전략이 유효하다.

금리 하락 가속화 단계에서는 투자심리가 급격히 회복되고 시장이 활기를 되찾는다. 이 시기에는 적극적인 확장 전략이 가능하다. 다만 다음 사이클을 염두에 둔 리스크 관리 역시 병행해야한다.

금리 변동기의 부동산 투자는 과거보다 훨씬 복잡하고 까다로워졌다. 그러나 모든 위기에는 기회가 숨어 있다. 중요한 것은 과거의 성공 경험에 집착하지 말고 변화된 환경에 빠르게 적응하는것이다. 금리 변동기에는 수익보다 생존이 먼저다. 살아남아야 다음 기회를 잡을 수 있기 때문이다.

금리 사이클을 이해하고 각 단계에 맞는 전략을 실행할 수 있다면 위기는 오히려 기회가 된다. 변화에 적응하는 자만이 살아남고, 살아남는 자만이 다음 상승장의 주인공이 될 수 있다.

수익 실현의 기술

부동산 투자에서 가장 어려운 순간은 언제 사느냐가 아니라 언제 파느냐를 결정할 때다. 아무리 좋은 가격에 매수했더라도 매도 타이밍을 놓치면 그동안의 수익은 한순간에 사라진다. 실제로 '더 오를 것'이라는 기대 때문에 매도를 미뤘다가 이후 하락장에서 손실을 보는 경우가 허다하다. 부동산 투자에서 수익을 확정 짓는 마지막 단계가 바로 매도라는 사실을 간과한 결과다.

매도가 어려운 이유는 대부분 심리적인 요인에서 비롯된다. 사람은 본능적으로 손실을 피하려는 성향이 강하다. 행동경제학에서 달하는 손실회피편향에 따르면, 우리는 같은 크기의 이익보다 손실을 약 2배 더 크게 느낀다. 이 때문에 가격이 조금만 조정을 받아도 언젠가 다시 오를 것이라 믿고 버티게 되고, 반대로 수익이 나기 시작하면 불안해져 성급히 팔아버리는 경우가 많다. 이는 수익은 길게, 손실은 짧게 가져가야 한다는 투자 원칙과 정반대의 형동이다.

여기에 앵커링 효과도 매도를 방해한다. 한때의 최고가가 머릿속 기준점으로 고정되면서, 현재 가격이 합리적인 수준임에도 매도 결정을 미룬다.

확증편향 역시 문제다. 이미 보유한 부동산에 대해서는 좋은 소식만 받아들이고, 불리한 정보는 의도적으로 외면하려 한다. 지하철 거통 이야기나 재개발 소문에는 귀를 기울이면서도, 거래량 감소나 공급 증가와 같은 신호는 애써 무시하는 식이다.

이런 심리적 함정을 피하기 위해서는 감정을 배제하고 사전에 정해둔 객관적인 기준에 따라 매도 결정을 내려야 한다. 투자할 때부터 목표수익률을 설정하는 것이 대표적이다. 단기 투자는 연 15~20%, 중기 투자는 연 10~15%, 장기 투자는 연 8~12% 정도를 기준으로 삼고 해당 수익률에 도달하면 미련 없이 매도하는 원칙을 세워야 한다. 예를 들어 3억 원에 매수한 아파트를 3년 보유하며 연 12% 수익률을 목표로 했다면, 약 4억 2천만 원 수준에 도달했을 때 과감하게 파는 것이 맞다. 더 오를 수 있다는 기대감이 판단을 흐리지 않게 기계적으로 사고파는 것이다.

시장 전체의 흐름도 함께 봐야 한다. 부동산 시장에는 분명한 사이클이 존재하고, 상승기에서 정점기로 넘어갈 때는 일정한 신호가 반복해서 나타난다. 청약 경쟁률이 급등하고, 언론에서 부동산 성공 사례가 연일 보도되고, 주변 사람이 투자 이야기를 꺼내기 시작하면 과열 국면에 접어들었을 가능성이 높다. 여기에 정부의 규제 강화 정책이나 버블 논란까지 더해진다면 매도를 진지하게 고민해야 한다.

개별 물건의 경쟁력 변화 역시 중요하다. 보유한 아파트 주변에 더 나은 조건의 신규 단지가 들어서거나, 교통·학군·생활 인프라의 상대적 우위가 약해진다면 가격이 본격적으로 조정받기 전에 선제적으로 정리하는 것이 현명하다. 또한 전체 자산에서 부동산 비중이 지나치게 높거나, 특정 지역에 자산이 과도하게 집중되어 있다면 리스크 관리 차원에서 일부 매도해 균형을 맞출 필요도 있다. 자녀 교육비, 사업 자금, 은퇴 준비 등 개인의 삶에 변화가 생기는 시점 역시 매도를 고려해야 할 합리적인 이유가 된다.

매도를 실행할 때는 완벽한 최고가를 맞히려는 욕심을 버려야 한다. 시장가격보다 5~10% 낮은 수준에서라도 빠르게 거래를 성사시키는 것이 결과적으로는 더 나은 선택일 수 있다. 여러 공인중개사무소에 동시에 의뢰하고, 거래 조건에 유연성을 두는 것도 중요하다. 매도 이후에는 현금 비중을 조절하고, 다음 사이클에 대비한 재투자 계획을 차분히 세워야 한다.

이 과정에서 세금 역시 빼놓을 수 없는 변수다. 양도소득세는 보유 기간과 주택 수에 따라 크게 달라지며, 보유 기간이 짧을수록 세 부담은 급격히 커진다. 다주택자라면 보유 기간이 짧거나 양도차익이 상대적으로 작은 주택부터 정리하는 것이 유리할 수 있다. 매도 전략은 항상 세후 수익을 기준으로 판단해야 한다.

실제 사례를 보면 매도의 중요성은 더욱 분명해진다. 한 투자자는 2018년 3억 원에 매수한 아파트를 2021년 5억 5천만 원에 매도하며 목표수익률을 초과 달성했다. 과열 신호와 규제 강화 흐름을 감지하고 과감히 매도한 덕분이다. 반면 같은 아파트를 보유했던 또 다른 투자자는 2021년 6억 원까지 올랐을 때도 더 오를 것이라 믿고 버텼다가, 이후 하락장을 맞아 4억 원대 중반에 매도하며 손실을 확정했다. 욕심이 만든 전형적인 실패 사례다.

완벽한 매도 타이밍을 맞히는 것은 불가능하다. 하지만 명확한 기준과 원칙을 세우고 이를 꾸준히 지켜간다면 성공률은 크게 높아진다. 매도에서 가장 중요한 것은 욕심을 내려놓는 일이다. 적당한 수익에서 만족하고 다음 기회를 준비하는 사람만이 장기적으로 살아남는다.

평범한 직장인도
부동산 부자가 될 수 있다

"교수님, 정말 1천만 원으로도 부동산 투자가 가능한가요?"

3년 전, 첫 번째 책을 출간한 후 가장 많이 받은 질문이다. 지금도 여전히 받고 있는 질문이기도 하다. 답은 '그렇다'이다.

2026년 현재, 우리는 격변의 시대를 살아가고 있다. 생성형AI가 일자리를 위협하고 있고, 인플레이션이 우리의 구매력을 갉아먹고 있으며, 100세 시대 노후 준비는 온전히 개인의 책임이 되었다. 하지만 변하지 않는 진실이 있다. 부동산은 여전히 인플레이

선을 이기는 가장 확실한 자산이라는 것이다. 그리고 준비된 투자자에게는 언제나 기회가 있다는 것이다.

지난 3년간 동의대학교 미래융합대학에서 수많은 성인 학습자들과 만났다. 30대 중반의 은행직원 김 대리, 20대 후반의 중소기업 이 사원, 40대 초반의 스타트업 오 대표님, 50대의 경력단절 여성까지. 모두 하나같이 '내가 과연 부동산 투자를 할 수 있을까?'라는 의문을 품고 있었다.

3년이 지난 지금, 그들 중 상당수가 실제로 부동산 투자에 성공했다. 이들의 공통점은 무엇이었을까?

첫째, 완벽한 타이밍을 기다리지 않았다. "집값이 더 떨어질 때까지 기다려야 하지 않나요?"라는 질문을 했던 사람들은 3년이 지난 지금도 여전히 관망하고 있다. 반면 성공한 투자자는 '지금이 최적의 타이밍은 아니더라도, 시작하지 않으면 아무것도 얻을 수 없다'라는 마음가짐으로 첫걸음을 내디뎠다.

둘째, '카더라'가 아닌 데이터를 믿었다. 감정이나 추측 대신 빅데이터와 시장 지표를 바탕으로 투자 결정을 내렸다. 도시철도와 GTX 노선도를 분석하고, 인구 유입 데이터를 확인하고, 주변 아파트 전세가율과 임대수익률을 꼼꼼히 계산했다.

셋째, 분수에 맞는 투자를 했다. 영끌이나 무리한 레버리지 대신 자신의 소득 수준에 맞는 합리적인 투자 규모를 설정했다. 종잣돈을 열심히 모아서 1천만 원으로 시작해서 단계적으로 포트폴리오를 확장해나갔다.

넷째, 지속적으로 학습했다. 부동산 시장은 생물처럼 변화한다. 성공한 투자자는 정책 변화, 시장 동향, 새로운 투자법을 끊임없이 공부했다. 정권이 바뀌고 시장 경기가 변화하면 그에 따라 노선을 달리했다.

앞으로 10년은 부동산 투자에 있어 골든타임이 될 것이다. 금리 인하 국면이 이어질 전망이고, GTX와 KTX로 수도권과 광역권의 접근성이 획기적으로 개선될 예정이다. 1인 가구 폭증으로 소형 평수 수요는 지속적으로 증가할 것이고, 데이터센터와 물류센터 인근 부동산은 새로운 투자처로 부상하고 있다. 무엇보다 AI와 빅데이터의 발달로 일반 투자자도 전문가 수준의 정보와 분석 도구에 접근할 수 있게 되었다. 이는 정보 격차를 줄이고, 소액 투자자에게도 공정한 기회를 제공한다.

하지만 부동산 투자에 왕도는 없다. 이 책에서 제시한 전략도 만능 공식은 아니다. 시장 상황과 개인의 재정 상태에 따라 유연하게 적용되어야 한다. 무엇보다 리스크 관리를 소홀히 해서는 안 된다. 투자는 마라톤과 같다. 단거리 달리기처럼 빠른 수익을 쫓다가는 오히려 큰 손실을 볼 수 있다. 꾸준히, 지속적으로 자신만의 페이스를 유지하며 장기적 관점에서 접근해야 한다.

중요한 것은 지금 시작하는 것이다. 책상 앞에서 아무리 많은 투자서를 읽어도, 유튜브에서 아무리 많은 강의를 들어도 실제로 행동하지 않으면 아무런 의미가 없다. 이 책을 덮는 순간부터 구체적인 실행 계획을 세우고, 첫 번째 투자를 위한 준비를 시작하기 바란다.

평범한 직장인도 부동산 부자가 될 수 있다.

이것은 희망사항이 아닌 현실이다. 이미 수많은 사람이 증명했고, 지금도 증명하고 있으며, 앞으로도 계속 증명할 것이다. 당신도 그 주인공이 될 수 있다. 이 책이 그 시발점이 되기를 바란다.

투자 유망지역 TOP 20

부동산 투자에서 가장 중요한 것은 '어디에' 투자할지 정하는 것이다. 같은 시기에 같은 금액을 투자해도 지역에 따라 수익률이 천차만별이다. 향후 3~5년을 내다봤을 때 유망한 지역을 수도권, 광역시, 지방으로 나눠 분석했다. 각 지역의 투자 포인트와 주의사항을 눈여겨보기 바란다.

참고로 투자 유망지역 순위는 어디까지나 참고자료일 뿐이다. 개인의 투자 성향, 자금 규모, 투자 기간에 따라 최적의 선택은 달라질 수 있다. 중요한 것은 특정 지역이나 호재에 대한 맹신이 아

니라, 충분한 사전조사와 분산 투자를 통한 리스크 관리다. 순위
가 높다고 해서 반드시 수익이 보장되는 것은 아니며 시장 상황과
매수 타이밍, 개별 물건의 조건이 함께 맞아떨어져야 한다. 이 부
록을 참고하되 최종 판단은 반드시 자신의 기준과 전략에 따라 내
리길 바란다.

1위: 경기도 하남시 ★★★★★

– 투자 매력도: 95점

– 핵심 투자 포인트: 지하철 5호선 하남선 전 구간 개통 완료 및 교통 접
근성 개선 효과, 하남 교산신도시 본격적인 조성 및 중장기 입주 수요
기대, 강남권 접근성 우수, 수도권 동부권 대비 상대적 저평가 인식

– 추천 투자 지역: 하남 교산신도시 예정지 인근, 지하철역 인근 기존 주
구지, 미사신도시 확장 구역

– 투자 시 주의사항: 신도시 공급물량이 많아 단기적으로 가격 상승 탄
력은 제한적일 수 있음

2위: 인천광역시 청라국제도시 ★★★★★

– 투자 매력도: 92점

– 한심 투자 포인트: 인천국제공항 제4활주로 건설 완료로 항공·물류 기
능 강화, 청라-강남 직결 교통망 계획 추진, 국제업무단지 조성에 따른

중장기 일자리 수요 기대, 수도권 대비 합리적인 분양가 및 진입 가격

- 추천 투자 지역: 청라호수공원 인근, 청라국제도시역 주변, 국제업무

단지 배후 주거지

- 투자 시 주의사항: 매립지 특성상 지반 안정성, 해풍에 따른 건물 관리

이슈 점검 필요

3위: 경기도 과천시 ★★★★☆

- 투자 매력도: 90점

- 핵심 투자 포인트: 정부과천청사 이전 이후 재정비·재개발 기대, 수도

권 최고 수준의 학군과 쾌적한 자연환경, 강남 접근성과 희소성 높은

주거지, 과천 지식정보타운 개발에 따른 직주근접 수요

- 추천 투자 지역: 주공아파트 단지(재건축 기대 지역), 정부과천청사 인

근 기존 아파트, 지식정보타운 인근

- 투자 시 주의사항: 높은 집값과 제한적인 공급으로 초기 진입장벽이

매우 높음

4위: 경기도 김포시 ★★★★☆

- 투자 매력도: 88점

- 핵심 투자 포인트: 김포골드라인 서울 연계 교통망 확충 효과, 김포한

강신도시 2단계 개발 진행, 서울 강서권과 생활권 공유, 수도권 대비

상대적으로 낮은 집값

- 추천 투자 지역: 김포한강신도시 2단계, 기존 시가지 역세권, 서울 접

   경 지역

- 투자 시 주의사항: 수도권 규제 및 교통 혼잡 문제 지속 점검 필요

5위: 서울특별시 강북구 ★★★★☆

- 투자 매력도: 87점

- 핵심 투자 포인트: 수유·미아 균형발전촉진지구 지정, GTX-C노선 수

   혜 기대(삼양역 인근), 서울 내 상대적으로 낮은 주거 가격, 4호선 및 우

   이신설선 접근성

- 추천 투자 지역: 수유역·미아역 인근, 삼양역 예정지 주변, 우이신설선

   연선

- 투자 시 주의사항: 노후 주택 비중이 높아 관리 상태와 재정비 계획 확

   인 필수

6위: 경기도 의정부시 ★★★★☆

- 투자 매력도: 85점

- 핵심 투자 포인트: GTX-C노선 의정부 연장 추진, 의정부 경전철 2호

   선 계획, 미군기지 반환 부지 개발 기대, 서울 접근성 개선 가능성

- 추천 투자 지역: 의정부역 일대, 경전철 연장선, 미군기지 반환 예정지

인근

- 투자 시 주의사항: 군부대 이전 일정 지연 및 소음 문제 고려 필요

7위: 서울특별시 도봉구 ★★★★☆

- 투자 매력도: 84점

- 핵심 투자 포인트: 창동·상계 신경제 중심지 개발 추진, GTX-C노선 수혜 기대, 서울 내 상대적 저가 지역, 안정적인 교육 환경

- 추천 투자 지역: 창동역 일대, 도봉산역 인근, 신경제 중심지 배후 주거지

- 투자 시 주의사항: 개발계획 변동 가능성과 기존 상권 침체 여부 점검 필요

8위: 경기도 성남시 분당구 ★★★★☆

- 투자 매력도: 82점

- 핵심 투자 포인트: 판교테크노밸리 확장, 성남-여의도 직결 교통망 계획, 우수한 교육 및 생활 인프라, 안정적인 자산 가치

- 추천 투자 지역: 판교 인접 구(舊)분당 지역, 지하철 연장 예정 구간, 우수 학군 지역

- 투자 시 주의사항: 이미 상당 부분 가격에 반영되어 추가 상승 여력은 제한적

9위: 경기도 부천시 ★★★★☆

- 투자 매력도: 81점

- 핵심 투자 포인트: 부천 대장지구 개발, 서울 7호선 연장(청라 연결), 서울과의 우수한 접근성, 상대적으로 합리적인 집값

- 추천 투자 지역: 대장지구 인근, 7호선 연장 구간, 기존 시가지 역세권

- 투자 시 주의사항: 노후 주택 밀집 지역의 안전성 및 관리 상태 점검 필요

10위: 서울특별시 노원구 ★★★★☆

- 투자 매력도: 80점

- 핵심 투자 포인트: 광역 교통망 확충 계획, 상계 재정비촉진지구 추진, 서울 내 상대적 저가 지역, 우수한 교육 인프라

- 추천 투자 지역: 상계역 일대 광역 교통망 예정 구간 재정비 예정 지역

- 투자 시 주의사항: 재건축 추진 지연 가능성과 과도한 기대감 경계

11위: 부산광역시 기장군 ★★★★☆

- 투자 매력도: 78점

- 핵심 투자 포인트: 오시리아 관광단지 본격 가동으로 관광·레저 수요 확대, 부산 동북권 관문 지역으로서의 입지, 가덕도 신공항 개발 논의에 따른 배후 주거지 기대, 해운대 생활권 확장 지역 성격

– 추천 투자 지역: 일광신도시, 정관신도시, 오시리아 관광단지 인근

– 투자 시 주의사항: 관광 산업 의존도가 높아 경기 변동에 민감할 수 있음

12위: 대구광역시 수성구 ★★★★☆

– 투자 매력도: 76점

– 핵심 투자 포인트: 대구 내 최고급 주거지역으로 평가받는 지역, 수성 못 일대 관광·문화 개발 지속, 도시철도 연장 및 교통 인프라 개선 기대, 대구 내 상대적으로 안정적인 자산 가치

– 추천 투자 지역: 수성못 인근, 범어동·중동 일대, 지하철 연선 주요 주거지

– 투자 시 주의사항: 대구 전체 인구 감소 흐름 속에서 장기 성장성은 제한적일 수 있음

13위: 광주광역시 광산구 ★★★☆☆

– 투자 매력도: 74점

– 핵심 투자 포인트: 광주·전남 공동혁신도시 배후 지역, 첨단과학산업 단지 확장에 따른 일자리 수요, 광주 도심 대비 상대적으로 저렴한 집 값, 교통 인프라 점진적 개선

– 추천 투자 지역: 수완지구, 첨단지구, 월곡지구

- 투자 시 주의사항: 광주 지역 전반의 경제 성장 둔화 가능성 고려할 필요없음

14위: 울산광역시 중구 ★★★☆☆

- 투자 매력도: 72점

- 핵심 투자 포인트: 울산 원도심 재생 사업 추진, 태화강 르네상스 프로젝트로 주거환경 개선, 산업도시 특성상 기본적인 주택 수요 존재, 울산 내 상대적 저평가 인식

- 추천 투자 지역: 태화강 인근, 원도심 재생 지역, 울산대공원 주변

- 투자 시 주의사항: 조선·석유화학 산업 경기 변화에 따른 인구 이동 가능성

15위: 대전광역시 유성구 ★★★☆☆

- 투자 매력도: 70점

- 핵심 투자 포인트: 대덕연구개발특구 중심지, 카이스트·충남대 등 우수한 교육 인프라, 공공기관 및 연구 인력 중심의 안정적 수요, 대전 내 상대적으로 합리적인 주거 가격

- 추천 투자 지역: 도룡지구, 관평지구, 대학가 인근

- 투자 시 주의사항: 젊은 인구의 수도권 유출로 장기 수요 둔화 가능성

16위: 세종특별자치시 ★★★☆☆

– 투자 매력도: 75점

– 핵심 투자 포인트: 행정수도 기능 강화 기조 유지, 2-1·2-2생활권 개발 진행, 젊은 공무원 및 신혼가구 중심 인구구조, KTX 오송역 접근성

– 추천 투자 지역: 2-1생활권(반곡동), 2-2생활권(금남면 일대), 오송역 인근

– 투자 시 주의사항: 정치·행정 정책 변화에 따른 시장 변동성

17위: 충청북도 청주시 ★★★☆☆

– 투자 매력도: 68점

– 핵심 투자 포인트: 오창과학산업단지 확장, 오송 바이오 클러스터 중심지, 청주공항 국제선 확대 기대, 수도권 접근성 점진적 개선

– 추천 투자 지역: 오창지구, 오송지구, 청주공항 인근

– 투자 시 주의사항: 제조업 비중이 높아 경기 변동에 민감

18위: 경상남도 창원시 ★★★☆☆

– 투자 매력도: 66점

– 핵심 투자 포인트: 경남도청 소재지, 기계·방산 산업 중심 도시, 부산-창원 광역철도 계획, 기본적인 산업 수요 유지

– 추천 투자 지역: 창원신도시, 경남도청 인근, 광역철도 예정 구간

– 투자 시 주의사항: 제조업 구조조정에 따른 고용 불안 가능성

19위: 전라북도 전주시 ★★★☆☆

– 투자 매력도: 64점

– 핵심 투자 포인트: 전북 행정·교육 중심지, 한국문화도시 지정, 전주한

옥마을 중심 관광 수요, 안정적인 생활 인프라

– 추천 투자 지역: 혁신도시 일대, 한옥마을 인근, 대학가 주변

– 투자 시 주의사항: 전북 지역 전반의 인구 감소 추세

20위: 강원도 춘천시 ★★★☆☆

– 투자 매력도: 62점

– 핵심 투자 포인트: ITX-청춘을 통한 수도권 직결, 강원도청 소재지, 관

광·레저 도시 이미지, 수도권 대비 저렴한 주거 가격

– 추천 투자 지역: 춘천역 인근, 신북읍 일대, 주요 관광지 인근

– 투자 시 주의사항: 관광 수요의 계절성 및 인구 감소 흐름

1천만 원 부동산 투자: 초수익 시크릿

초판 1쇄 발행 2026년 2월 10일

지은이 | 제승욱
펴낸곳 | 원앤원북스
펴낸이 | 오운영
경영총괄 | 박종명
기획편집 | 이광민 최윤정 김형욱
디자인 | 윤지예 이영재
기획마케팅 | 문준영 박미애
디지털콘텐츠 | 안태정
등록번호 | 제2018-000146호(2018년 1월 23일)
주소 | 04091 서울시 마포구 토정로 222 한국출판콘텐츠센터 319호 (신수동)
전화 | (02)719-7735   **팩스** | (02)719-7736
이메일 | onobooks2018@naver.com   **블로그** | blog.naver.com/onobooks2018

값 | 21,000원
ISBN 979-11-7043-718-5 03320